法医追凶

破译犯罪现场的156个冷知识

【美】道格拉斯·莱尔 著

叶红婷 张春霞 译

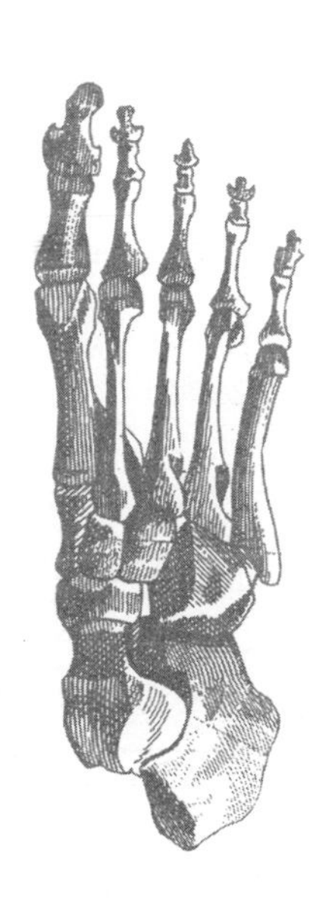

台海出版社

北京市版权局著作合同登记号：图字 01-2022-1929
MURDER AND MAYHEM:A DOCTOR ANSWERS MEDICAL AND FORENSIC QUESTIONS FOR MYSTERY WRITERS By D.P.LYLE

This edition arranged with THE FIELDING AGENCY,LLC
Through BIG APPLE AGENCY,INC.,LABUAN,MALAYSIA.

图书在版编目（CIP）数据

法医追凶．破译犯罪现场的 156 个冷知识 /（美）道格拉斯·莱尔著；叶红婷，张春霞译．-- 北京：台海出版社，2022.7

书名原文：MURDER AND MAYHEM:A DOCTOR ANSWERS MEDICAL AND FORENSIC QUESTIONS FOR MYSTERY WRITERS

ISBN 978-7-5168-3288-2

Ⅰ．①法… Ⅱ．①道… ②叶… ③张… Ⅲ．①法医学—通俗读物 Ⅳ．① D919-49

中国版本图书馆 CIP 数据核字（2022）第 104277 号

法医追凶．破译犯罪现场的 156 个冷知识

著　　者：（美）道格拉斯·莱尔　　译　　者：叶红婷　张春霞

出 版 人：蔡　旭　　封面设计：末末美书
责任编辑：赵旭雯

出版发行：台海出版社
地　　址：北京市东城区景山东街 20 号　邮政编码：100009
电　　话：010-64041652（发行，邮购）
传　　真：010-84045799（总编室）
网　　址：www.taimeng.org.cn/thcbs/default.htm
E-mail：thcbs@126.com

经　　销：全国各地新华书店
印　　刷：三河市嘉科万达彩色印刷有限公司
本书如有破损、缺页、装订错误，请与本社联系调换

开　　本：880 毫米 × 1230 毫米　1/32
字　　数：205 千字　　印　　张：8.25
版　　次：2022 年 7 月第 1 版　　印　　次：2022 年 8 月第 1 次印刷
书　　号：ISBN 978-7-5168-3288-2

定　　价：59.80 元

声明

本书为读者解析医学和司法鉴定的相关问题，有些是基本知识，有些则很复杂。

该书不得用于诊断，也不得用于现实生活中的任何犯罪行为。

引言

无论是什么体裁，每个故事都必须有人物和情节。这些事叙述故事的必要条件。没有情节，就不会发生任何事情；没有人物，就不会有人关心会发生什么。

其他的一些故事元素，例如背景、主题、氛围、叙述者、次要情节、背景故事，都只是为了支撑主角和情节之间的关系而存在。因此，一个引人入胜的故事，就是真实可信的人物遭遇一些情况，改变生活和命运，让读者产生共鸣。

为了揭示人物性格并推进情节发展，我们经常把主角置于充满压力的情境中。为什么呢？因为压力会激发出人最优秀的一面，也能暴露出人最不堪的一面，有助于让情节要素变得趣味横生且扣人心弦。比如，对你笔下的主角施加身体、情感和精神上的压力，没有什么比这更好的方法了。

这一点在悬疑和惊悚类小说中尤其如此，因为这类作品的读者想要被吸引得如痴如醉，目不暇接，能增长见识，并彻夜拜读。为此，悬疑（惊悚）作家经常使用疾病、损伤和心理压力，比如恐惧、焦虑、恐慌、愤怒、羡慕、嫉妒、懊悔和内疚，时而让读者紧张兴奋，时而让他们百思不得其解。

在一些体裁中，比如玄幻、寓言和喜剧，作者可以创造一个架空的世界，不以事实或现实为依据。当然，他必须一直忠于自己为那个独特世界制定的“规则”。如果没有这个限制，任何事情都有可能。

对于悬疑和惊悚作家来说，他们故事中的世界往往就是“现实世界”，因此，“现实世界”的规则必须适用。这就让作者背负了一个沉重的负担，即要“让一切合乎常理”。研究一丝不苟，注意细枝末节，避免“轻率处理”事实，这些对于构建可信的故事来说都必不可少。如果行为动机前后矛盾，解决方案只图方便省事，以及陈述事实漏洞百出，即使是最讨喜的人物角色和巧妙的故事情节，也会破坏殆尽。

对于许多作者来说，要让他们的故事生动有趣，一个主要的障碍是获得所需的专业知识。当科学或医学方面的问题出现时，这一点尤其如此。无论是医院、急诊科或手术室的程序或内部运作，还是医生、护士、护理人员和其他医务人事部门人员的职责，还是急性或慢性疾病或损伤，比如车祸、枪击或雷击，对受害者身体和精神的影响，还是处方药和非法药物会产生什么效果，还是急性和慢性精神疾病对受害者及其至亲至爱会产生什么影响，还是确定死亡原因和死亡时间的问题，还是其他司法鉴定的程序问题。有理有据地了解这些复杂的问题，都会增加任何手稿的深度和戏剧艺术，并让它自带“真实”的光环。

那么作者从哪里获得这些信息呢？改编别人的故事，或者将他们在电视上看到的依样画葫芦，这些做法实在是太普遍了。

即使互联网号称“信息来源无极限”，事实也证明这样的号称有虚假的成分。我们能想到的几乎所有主题，都能在互联网上查到海量数据，但我们都不善于从泥沙俱下、鱼龙混杂的网络空间里去伪存真。医学界有句古老的格言，“不实的数据还不如没有数据”，也适用于悬疑小说的写作。

序言

撰写本书的目的

本书旨在为读者提供信息和知识，面向的读者不仅仅是悬疑和惊悚小说的作者，还有这类小说和电影的爱好者，以及任何有好奇心的人，都会在这本书中找到自己感兴趣的内容。

这个项目缘起于简·伯克的一个建议。当时她担任美国悬疑小说家协会南加州分会会长一职。她问我是否愿意为南加州分会的新闻杂志《犯罪进行时》写医学问答专栏。我的专栏名称就是《医生在线》，它每个月都会出现在那个出版物以及西南分会的新闻杂志《侦探说》中。

自从这个项目开始以来，我收到并努力回答了来自各类型作家成百上千的提问，其中包括许多知名的小说家和编剧。其中最具代表性、最有趣和信息量最丰富的一些问题，都收录在本书中。

对于每一位提问的作者，我都很感谢，谢谢你们的好奇心和令人惊叹的想象力，以及你们致力于“让一切合乎常理”的努力。研究并回答你们的问题让我学到了很多，我也希望这些回答能带给你们同样多的帮助。

我希望这份资料也能回答每一位读者的问题，提高你对医学和司法鉴定问题的理解水平，并让新的问题在你的脑海中萌芽。

这本书汇集了过去几年里我从作者那里收到的一些医学和司法鉴定问题。在解答这些问题的过程中，我一直尽力为大家提供充分的医学和科学背景知识，深化并拓展他们的理解，同时不忘阐述他们所设定的场景中存在的细微差别。我一直尝试让每个问题和对应的答案独立成篇，同时尽量减少不必要的重复。

本书不得用于以下用途

本出版物所载材料不得用于任何疾病的诊断或治疗。即使是最简单的问题和回答，也需要几十年的教育背景和实践经验，才知道如何应用于“现实生活”的情境之中。医学是一门严格的学科，既是一门科学，又是一门艺术，只有经过多年的实践，才能得见其中的奥秘。

虽然我尽力保证信息准确且合乎科学，但许多主题太过复杂，难以详尽地解释并兼顾现代医学知识中的细微差别和新的争议。

这就是医学的艺术。

本书不得用作任何犯罪活动的指南，也不得用于伤害任何人。

目录

第一部分　医生、医院、疾病和损伤

第一章　创伤及其治疗

第二部分 谋杀和故意伤害

第六章 枪支、刀具、爆炸物及其他致命武器

第七章 毒物与药物

第八章 医疗谋杀

第三部分 追踪行凶作恶者

第九章 警察和犯罪现场

第一部分

医生、医院、疾病和损伤

第一章　创伤及其治疗

问题1：头部受钝伤会怎样导致死亡？

在我书中的高潮部分，我安排了一个死亡场景，我想确保对这一场景的描绘准确无误。基本说来，女主角爱慕的对象骑一辆摩托车，停靠在路边。当时他坐在车座上，结果支架松动了，他猛然摔倒在一侧。他的脑袋撞到了马路牙子上，于是这次撞击要了他的命。

当一个人死于这样的头部损伤时，会发生什么情况？耳朵或鼻子会出血吗，还是根本就没有外部创伤的迹象？身体会抽搐吗，还是像被人发现时那样躺在那里一动不动？起初，女主角并没有意识到他受伤了。从她的视角看不到马路牙子。在他摔倒后的几秒钟，她看到的他会是什么样子？医护人员大约半小时后赶到，那时候的他又会是什么样子？

这种类型的损伤我们称之为“钝伤”，与子弹、斧头或其他东西造成的“穿透伤”相对。头部钝伤可能导致各种后果，从简单的头部肿胀，也就是挫伤，到突然死亡，不一而足。单是冲击的力道就可能导致立即丧失意识（脑震荡）。如果要导致死亡，则极有可能会发生大脑内部或大脑周边出血，这叫作“颅内出血”。颅内出血发生时可能伴随着大脑内部或周边的动脉、静脉或多处毛细血管破裂。不管有没有出现颅骨骨折，都可能发生脑震荡和颅内出血。

覆盖着大脑的一层膜叫“硬脑膜”。硬脑膜和颅骨之间的狭腔被称为“硬膜外腔”，而硬膜和大脑之间的区域则被称为“硬膜下腔”。这两个区域都会发生出血。

颅内出血，是发生在颅骨内部任何地方的出血。颅内出血有三种基本类型。硬膜外腔出血和硬膜下腔出血发生在大脑和颅骨之间的空间。硬膜外腔出血部位位于硬脑膜的外部，通常因为颅骨骨折撕裂硬膜外动脉而引起。硬膜下腔出血通常源自静脉，并发生在硬膜下腔。脑内出血则发生在大脑内部组织本身。所有这些类型都有可能致命。

记住，颅骨就像一个坚硬的胶囊，起着保护大脑的作用。然而，如果出血发生在颅骨内部或大脑内部本身，则颅骨无法扩张。因此，这个外壳内部的压力迅速上升，会有力地“挤压”大脑。

脑内或脑周出血会导致坚硬的颅骨内部的压力迅速上升。过剩压力唯一的疏散通道就是枕骨大孔，即颅底后区正中的孔，脑干和脊髓从这里向下延伸。枕骨大孔位于头部和颈部连接处的后部。颅骨内不断增长的压力会关停所有大脑功能，并最终推挤大脑物质进入枕骨大孔，并沿着脑干和脊髓继续向下。想象一下挤牙膏吧。我们将这种情况称为“脑疝”。这不仅会导致意识丧失，还会压缩脑干，关停呼吸功能，死亡也会接踵而至。

在大脑的后方底部，大脑逐渐变窄，形成一个叫作“脑干”的结构。脑干又进一步缩小，进入脊髓，并沿着背部叫作脊柱的一组骨头向下延伸。

脑干是大脑的重要组成部分，除了其他的功能，还有一个重要作用就是控制呼吸。

这个过程可能会经历几分钟、几小时或几天才会发生。记得你小时候撞到头，你妈妈是怎样彻夜不眠地检查，看你是不是没事吗？这是因为出血过程可能很缓慢，而且头痛、昏迷和死亡可能不会在几个小时内发生。知道了吧，妈妈是对的。

偶尔，大脑遭受钝伤的人直到几天或几周后才会发展成某些神经病学症状。如果发生头痛、恶心、视力模糊、四肢麻木或虚弱无力，所有这些症状都与颅内压升高有关，去看医生，就会发现有慢性颅内出血。

在你安排的场景中，最可能的损伤就是颅骨骨折，并伴有硬膜外动脉破裂或撕裂。硬膜外动脉是覆盖大脑表面众多细小动脉中的一种，而且经常因为颅骨骨折而撕裂，这会导致出血。这种情况应归类于硬膜外腔出血。动脉出血通常非常迅速，并导致颅内压升高、昏迷、窒息（没有呼吸），而且很快就会发生死亡。

你笔下的受害者很有可能只是躺在那里，一动不动，也没有呼吸。这样的创伤可能会引致癫痫发作，不过通常也不会出现，反正这也不符合你的故事场景。当女主角在事发之后第一时间看到受害者的时候，他可能看起来就像睡着了一样。由于颅骨骨折，一股血液可能从他的耳朵或鼻子里流出，也有可能耳朵和鼻子同时出血。此外，他头部受到撞击的部位可能会有青黑色的肿胀，也就是脑挫伤，但也可能没有任何明显的外伤迹象。

如果是半个小时后，他看起来会……嗯……嗯……应该死了。他的皮肤呈蓝灰色，四肢耷拉着，绵软无力，瞳孔放大，没有呼吸，也没有脉搏。医护人员很可能会施行心肺复苏术，并将受害者运往医院，那里的医生会宣告其死亡。

问题2：我的主角遭遇车祸且脾脏破裂还能活下来吗？

有人用枪指着我笔下的侦探，逼迫她驾车到一个偏远的地区。她确信自己到了那里会遭到谋杀。绑架她的人也是一个女人，就坐在副驾驶座上。

她们行驶在一条因路面重修而暂时封闭的道路上。经过几处停靠在路边的设备后，那位侦探打算孤注一掷地自救。她发现了一个重型设备拖车，打转方向盘，并以每小时30英里[1]的速度朝它冲去，希望有选择性地摧毁副驾驶座的那一侧。那辆钢制拖车的后保险杠就像掀开罐头盖子一样，削掉了汽车的顶篷，那个试图绑架侦探的女人也当即断头。我的女主角大难不死，但被困住了，两肩骨折，而且等了半个小时才得到救援。

后来，在医院里，我们得知她的脾脏受到损伤，而且徘徊在生死的边缘。不用说，她活了下来，等到第二天早上就开始了漫长的恢复过程。我这样叙述会不会很离谱？

脾脏破裂完全适合你描述的这个场景。首先，车祸中的钝伤很可能是方向盘导致的损伤，常常会导致脾脏破裂。这在摩托车事故、足球和滑板运动中很常见。

脾脏是一个血管丰富的器官，也就是说脾脏里面有很多血。脾脏位于腹部的左上方，藏在肋骨下缘的后面。脾脏的血液供给来自脾动脉，那是一条相当大的血管。脾脏有一层薄膜，包裹着像海绵

---

1 1英里约等于1.6千米。——译者注

一样柔软的脾脏组织（你可以想象一下在血液中浸泡过的海绵），因此会像西瓜一样破裂。事实上，脾脏的囊非常容易破裂或撕裂，而且如果破裂就会大量出血。在腹部外科手术中，处理脾脏也要小心翼翼，因为即使很谨慎地操作，外科医生的手指也可能会损伤到脾脏。

尽管脾脏破裂会致命，但死于脾脏破裂的情况并不常见。原因是什么？足够的血液流失后，血压就会降低，血液流入脾动脉，脾脏里的血就会因此减少，出血也会随之变慢，于是这个过程会停下来。脾脏受到损伤的人血压（收缩压，即高压）会降到60或70，但他们在这种程度的休克中还可以存活一段时间。脾脏破裂有一个典型例子。一个十多岁的少年骑摩托车，结果撞到了一棵树上，要么就是一辆车上。到达急救室的时候，他是清醒的，但是昏昏欲睡，血压（收缩压，即高压）为70。有意思的是，一旦伤者接受输血和输液，血压就会开始上升，出血会再度恶化，这是因为血压越高，进入脾脏的血液就越多，出血就越严重。紧急手术才是根治方案。

当然，你笔下的人物受困于车中时处于坐姿，重力会加速血压的下降，并放大由此产生的休克综合征。不过，她经历这次事故后应该能大难不死，除非医疗护理耽搁的时间太久。

当你笔下的人物坐在那里，等待救助，进入更严重的休克时，她可能会表现出几种不同的症状。除了受伤的双肩和腹部疼痛以外，随着血压下降和休克的到来，你笔下的人物会出现下列所有症状或其中一些，包括：头晕目眩、意识混乱、定向障碍、出现幻觉、恶心呕吐、发冷畏寒、浑身颤抖、口干舌燥、直冒冷汗、视力模糊、昏昏欲睡、虚弱无力、颈部和四肢发沉，最后睡着或陷入昏迷。她可以在后视镜里看到自己的样子：面色苍白，甚至是像幽灵一般的惨白；也有可能面带青色，那是因为休克和低血氧水平使面部呈蓝灰色。她可能会时而清醒，时而昏迷，甚至能清晰地回忆起往事。

一旦获救，她需要立即静脉输液、输血，并做手术切除脾脏，也就是脾切除术。受到损伤的脾脏极少能修复，而且几乎总是被切除，因为脾脏组织是海绵状的，这一性质使得脾脏很难修复。此外，脾脏并不是“生命器官”，没有脾脏的人往往也能活得很好。

她应该能在脾脏破裂和脾切除术之后完全康复。如果脾脏问题是她身上唯一的伤，几天之内她就应该能下床，一周之内就能出院回家，然后在6周的时候恢复正常。不过，她的肩伤可能需要进行外科手术才能恢复，这需要几个月的时间。肩部手术可能要推迟，在脾切除术之后的几天才能做，这样她能稳定下来，并为肩部手术做准备。在手术前和手术后，要用肩带套将她的肩关节固定起来，而在这个过程中她需要镇静剂和止痛药来减轻疼痛。

问题3：我的男主角被枪射中哪个部位还能活下来？

在我的故事中，我的主角中枪了。显然，他幸免于难，但丧失了一部分行动能力。他必须在肉搏战中制服敌手。他被子弹射中哪个部位，依然能行使职责？

首先，让我们看看一个人遭受枪伤（医疗速记中简写为GSW）会发生什么。问任何一个急诊科的医生，他都会告诉你，用枪杀死一个人并不是那么容易的事。要一枪毙命，必须破坏大脑和（或）心脏的功能。因此，直接射中大脑或心脏，往往会在很短的时间内致命。此外，肺部或主要血管，比如主动脉遭遇枪伤，可能会在几分钟或几小时内致命。另外，头部、胸部或腹部的枪伤会让受伤的人严重失能，而这很可能不适用于你的故事。

即便是这样，我也要指出下面几点：

头部遭受的许多枪伤没有穿透颅骨，因此对大脑几无损伤。如果那颗子弹从较浅的角度切入，它可能会弹离颅骨，并飞向空中，或钻到头皮下面。在这种情况下，一开始看似致命的枪伤几乎不会造成什么伤害，你的主角还可以继续打。

同样地，胸部的枪伤也可能不会穿透胸腔，而是掠过肋骨或胸骨。在这种情况下，不会发生重大器官损伤，而你的主角可以继续展开追踪。子弹也可能会让肋骨骨折，而这会非常疼，任何运动和呼吸都会带来疼痛，尤其在他必须追捕坏人的情况下。

即使子弹不是简单地嵌到肉里或腹壁的肉中（不过这种情况并不少见），而实际上穿透到了腹腔中，你的主角也能够忍受。这会非常痛苦，几乎比其他任何地方的枪伤都更痛苦，因为腹部内里也就是腹膜充满了神经纤维。

但如果重要的血管或器官（肝、肾或脾）没有受到损伤，如果你的主角又很坚强，那他也可能忍着疼痛，并制服敌手。想想“007系列”小说（电影）的主角詹姆斯·邦德吧。

四肢受枪伤似乎最适合你的情节。这会让男主角的行动慢下来，但同样地，除非有重要的血管破裂，这样的枪伤不会置他于死地，也不会导致他严重伤残。此外，这样的枪伤可以量身定做，以最大限度地阻碍男主角的努力。如果男主角必须追上那个坏人，那就用枪射男主角的腿、臀部或脚。如果他必须攀爬绳子或梯子，或与对手全力扭打，那就朝他的手臂开枪。如果他必须游泳，那就让子弹射进他的肩关节。

我还应该指出，即使遭遇严重且可能致命的枪伤，通常也能活着，有足够的时间杀死攻击者，或匍匐爬到电话旁，或用自己的血草草写下凶手的名字。如果男主角在故事的高潮部分遭到枪击，可以安排伤口更严重一些，因为他会有充裕的时间解决坏人，然后寻求医疗救助，并及时得到救治。

问题 4：一个人肋骨断了还能游泳吗？

我笔下的一个人物站在帆船上，结果遭人击打胸部，从船上掉下去落入水中。我安排那一击打断了他的两根肋骨，其中一根刺穿了肺部，导致肺萎缩。他用一只胳膊设法让自己浮在水面上三四分钟，之后才有人用紧急吊索把他拉回到那艘船上。

一个肋骨断了的人，更不用说还有肺萎缩，他真的能很好地用一只手臂就让自己浮在水面上吗？另外，假设这个人物在事发后两小时内到一家现代医院里接受了妥善的治疗，那他隔多久再次出现在故事里才合乎情理？

肋骨骨折极其痛苦，因为我们不能在愈合期间让肋骨“休息”或固定不动。

手臂骨折了，可以用夹板或打石膏固定，但胸部不能用这种方式加以限制，因为我们不能选择不呼吸。

将空气吸入肺部是一个活跃的过程。肋骨之间的肌肉活动就是要扩张胸部，在胸腔内产生将空气“拉入”肺部所需的负压。而肋骨骨折会让这个过程变得极其痛苦。

疼痛通常位于骨折的部位，而且是那种锐痛，就像一把尖刀刺入胸部一样。每一次呼吸都是痛苦的折磨，我们将其称为“胸膜疼痛”。这种疼痛不仅来自断裂的肋骨本身，还来自高度娇弱的胸腔内层（即胸膜），上面分布着大量的神经。

如果断裂肋骨的尖端刺入胸腔，可能会刺穿肺部，导致肺萎缩。我们将这种情况称为“气胸”[1]。气胸可小可大，这意味着肺萎缩的程度可能轻微，也可能严重。我们根据肺萎缩的百分比来分等级。小气胸是肺萎缩10%~20%，大气胸是肺萎缩50%及以上，完全肺萎缩当然就是100%肺萎缩。

轻微的肺萎缩会很痛苦，但在其他方面不会让人严重虚弱。完全肺萎缩也极其痛苦，而且伴有明显的呼吸急促。只有受害者患有潜在的严重心脏病或肺病，或者他的气胸是“张力性”的，才会致命。张力性气胸发生时，肺部的洞所起的作用就像一个“球阀”，或者像一个单向漏洞。当受害者吸气时，空气从肺部通过，穿过这个洞，然后进入胸腔；然而，当他试图呼气时，空气无法反过来穿过那个洞进入肺部，再从嘴巴吐出来。每次呼吸都会增加胸腔内的压力，让肺进一步萎缩。随着压力（张力）增加，心脏和“好肺”也会受到压迫，导致心脏和肺部功能下降，并最终死亡。这可能在

1 气胸是指气体进入胸膜腔造成的积气状态，多因肺部疾病或外力影响使肺组织和脏层胸膜破裂，或靠近肺表面的细微气肿泡破裂，肺和支气管内空气逸入胸膜腔。——译者注。

几分钟内迅速发生。幸运的是，大多数气胸不是张力性的。

是否需要长期治疗，还取决于肺萎缩的程度。对于轻微的气胸，我们通常让患者住院观察几天。那个漏洞往往会自行封闭，肺部重新膨胀，而出院回家后，受害者在骨折愈合之前还要忍受几周的胸痛。对于严重的肺萎缩，则需要插上胸廓造口术胸导管或胸管。

这是一根塑料管，要将它穿过胸壁进入胸腔，插在胸壁和肺之间。这样的材料要用上几天，让肺部重新膨胀，漏洞愈合，然后再取出导管。后续的恢复与轻微气胸相同，但可能要多花几个星期的时间。

在你安排的情节中，骨折伴随轻微的气胸会行得通。是的，他可以游泳。如果有必要，他还可以打斗。不过，那会非常痛，但是男主角都是用忍受痛苦和不屈不挠来塑造的。

如果有必要，或者他很顽强，而且不会乖乖听医生的话，几天之内他就可以“重出江湖”，再度活动了。

问题 5：上吊自杀的死亡机制[1]是什么?

在我的小说中，一个男人用绳子套在自己的脖子上，然后踢开踏凳，自杀身亡了。大约半小时后他被发现了。那么，死亡原因是

1 死亡机制是指由损伤、中毒或疾病等引起的导致死亡的病理生理过程。常见的死亡机制有心脏停搏、心室纤维性颤动、反射性心脏抑制、严重代谢性酸中毒或碱中毒、呼吸抑制或麻痹、心肺功能衰竭、肝肾功能衰竭、延髓麻痹等，最终都导致心、肺、脑活动停止而死亡。——译者注。

勒杀吗？在死亡过程中他会大小便吗？现场会有味道吗？还有，他的脸看起来会是什么样？如果掉下来有1.8米多高，他死得会不会不一样？我能假设一个不同的死亡原因吗？比如脖子断了？那他的脸看起来又会不一样吗？他的脖子会扭曲变形吗？

上吊的结果取决于几个因素，比如受害者的体重、脖子粗细，以及颈部肌肉的发达程度、坠挂的距离等。如果受害者坠挂几英尺，绳套确实会让他的脖子骨折，而且几乎在瞬间就会死亡。他会就那样坠挂着，然后四肢无力地悬在半空。是的，他很可能会排泄出膀胱里的小便或肠子里的大便，而现场有气味也是意料之中的。

另外，如果坠挂的距离短，比如将脚下的椅子或凳子踢到一边，或者让胯下的马受惊跑掉（这是老西部片里常用的方式），在这些情况中，他的脖子不会断，而死亡则是因为勒杀。这个过程缓慢且痛苦，伴随着双腿乱踢和苦苦挣扎。当死亡最终发生时，自杀者很可能像上面描述的那样便溺，将自己弄脏。

在后一种情况中，自杀者的脸会呈紫色并充血，双眼突出，舌头也可能肿胀并伸出来，脖子也会因为挣扎时与绳索摩擦而破皮。此外，结膜，也就是眼睑里面粉色的部分，会显示有点状出血。这些看起来像小红点，是由这些脆弱组织的静脉和毛细血管中的压力不断增加造成的。在徒手扼喉或绳索勒杀的情况中，也经常有类似的发现。

大多数上吊自杀的行为执行得都很糟糕，而且自杀者的颈部并不会骨折，因此最终死于窒息或勒杀。不管那个人起初打算自杀的决心有多么坚定，当椅子被踢开，那个人却发现自己还没有死时，恐慌立即就会袭上心头，随即就会展开生死存亡的挣扎。

突然间，在纸上看起来很好的自杀计划就不那么吸引人了。在自己上吊的情况下，受害者通常不能将自己的双手绑在背后，因此他会用双手来挣扎求生。他会抓住套在自己脖子上的绳索或头上的绳索，以减少绳套的压力。这会导致皮肤抓伤和撕裂，手指甲剥离，以及手掌和手指被绳索擦伤。

问题6：用枪顶住下巴自杀，会造成什么伤口？

如果一个人用一把手枪顶住自己的下巴准备自杀，而且那把枪里的子弹装的是加码弹，就是专门用于对付车辆和类似目标的高威力马格南子弹，预计子弹射出后可能出现什么样的结果？由此引发的损伤会不会因为子弹完全穿透而产生相对较小的孔洞？或者像蘑菇效应一样会摧毁大部分颅骨？换句话说，子弹会不会遇到足够的抵抗，让伤口像蘑菇一样向四周扩张？这样还有生还的机会吗？或者说这种自杀方法非常有效吗？除了大脑灰质，现场可能有很多血吗？

是的，只要那把手枪没滑动，而且角度不改变，这就是非常有效的自杀方式，有效率接近百分百。几年前，我见过一个人将一把霰弹枪顶在自己的下巴上，并扣动了扳机。他枪管的角度微微前倾，结果打爆了他的脸，就像有人用斧子劈开了他的脸一样。子弹并没有进入他的颅骨，而且他的神经系统完好无损，医务人员来接他的时候，他还非常清醒。整形外科医生和神经外科医生合力让他恢复如初。但是，除了发生这样的奇事以外，顶住下巴自杀这种方法无一例外都会致命。

通常，进入伤口相对较小，但穿出伤口很大，可能会削掉整个头盖骨和大部分大脑，现场会有大量组织和血液。然而，加有特氟龙涂层的子弹或为了“穿透装甲”而制造的其他子弹，很可能不会让伤口像蘑菇那样四散开花，因此进入伤口和穿出伤口都会很小，且现场会有较少的组织和血液。这个方法依然有效，只是不那么血肉模糊。

问题7：外伤性流产会妨碍未来怀孕吗？

我笔下有个人物，她怀孕三个月了。在一次车祸中她受伤了，并经历了流产。后来，医生告诉她，她永远都不会再有自己的孩子了。

这种情况可能吗？在她身上要发生什么情况，才会让她以后不可能怀孕呢？

是的，你安排的情节有可能发生。

首先，让我们来处理意外事故和流产的情节。发生车祸导致的腹部钝伤会引发流产。在车祸中，安全带本身就会伤及下腹部，因此也会伤到子宫。如果没有系安全带，受害者会撞到方向盘、仪表盘，如果她坐在后座上会撞到座椅靠背，也会导致类似的损伤。家暴场景中会发生从楼梯上摔下来（好莱坞电影对流产的惯用戏码）和拳打脚踢，这些也会导致类似的损伤。

在怀孕期间，胎儿在子宫内的羊水中，会受到一定程度的保护，从而免受创伤。但是如果施加的力量够大，也会伤及胎儿，甚至死亡。又或者给胎儿提供营养的胎盘，本来附着在子宫内壁，可能会被撕裂而松动。子宫腔内出血，或胎儿失去了胎盘的供给，都会导致胎儿死亡和流产。发生严重的创伤时，子宫会破裂，胎儿甚至母亲都会因此而丧命。怀孕期间子宫扩张，子宫壁变薄，随着时间的流逝，流产的概率会越来越大。

如果子宫完好无损，但胎儿不能再存活下去了，就必须做宫颈扩张刮宫术，以取出死胎和胎盘。外科医生必须扩张子宫颈，将胎儿和胎盘从子宫内清除。如果出现真正的医疗紧急情况，比如子宫破裂，那就必须立即手术，抢救孕妇。在这些情况下，往往必须切除子宫，不过有时可以修复和挽回。

要让你笔下的人物未来不可能怀孕，就必须损伤子宫本身，而且要损伤至受精卵再也不会着床的程度。或者可以让子宫留下疤痕，这样一来，即使受精卵着床了，子宫也不能供养胎儿的生长和发育。在受到创伤并接受宫颈扩张刮宫术之后，上述这些都是可能出现的结果。显然，如果切除了子宫，就肯定不可能怀孕了。

如果你笔下的人物在车祸中遭遇了子宫破裂，她会感到下腹部剧痛，阴道出血，还可能会陷入休克，症状是面色苍白、浑身发冷、大汗淋漓、神志不清、失去意识，且脉搏非常微弱，血压也很低。医务人员会开始为她静脉输液，补充大量液体（比如 5% 葡萄糖加乳酸林格氏液），输氧，并火速赶往最近的医院或创伤病房。她会被立即送进手术室，接受紧急子宫切除术。至于康复，如果一切顺利，她要住院 5~7 天，然后过 6~8 周才能恢复如常。当然，这件事会产生巨大的心理压力，可能需要好几年才能克服。

问题8：脑震荡会有什么症状？

如果我笔下的一个人物被一个物体击中了头部，并失去知觉10~15分钟。醒来后，他会有什么症状？失忆症吗？这些症状会持续多长时间？

用医学术语来说，这种情况被称为脑震荡。这是一种短暂的意识丧失或意识改变，与一定程度的失忆症相关。脑震荡通常发生在你描述的头部钝伤的情况中，或见于车祸、坠落等导致的减速伤中。

意识丧失似乎是因为网状激活系统的电生理功能遭到破坏。网状激活系统位于大脑底部，是负责维持意识的一个区域。这一重击似乎暂时“扰乱”了网状激活系统的电路，导致丧失意识。失忆症的机制目前尚不清楚。

与此类损伤相关的症状因人而异，各不相同，但头痛、头晕和失忆很常见。昏昏欲睡和神志混乱则不那么常见。耳鸣、视力模糊或复视就更不常见了。还有罕见的症状是癫痫发作。

这些症状可能持续几分钟、几个小时或几天。一些人甚至可能持续几周或几个月。美国国家橄榄球联盟（NFL）的四分卫和拳击手似乎特别容易遭遇脑震荡。史蒂夫·扬和特洛伊·埃克曼都曾因为多次脑震荡而错过一周甚至几周的比赛，他们的症状持续的时间较长，主要是晕眩和头痛。拳击比赛中的KO，即击倒对手，说白了就是脑震荡。

失忆可能只是在一小段时间内意识不清，也可能是逆行失忆，这样一来受害者就不记得受伤之前发生的事了。举例来说，在车祸中遭受脑震荡的人可能不记得自己上车或离开家门的事，也可能不记得他们当时要去什么地方。

如果受害者遭受重击后癫痫发作，应进行完整的神经系统评估，以排除存在大脑损伤、脑内出血或脑周出血的情况。在这种情况下，建议拍颅骨和颈部 X 光片、做 CT 扫描或核磁共振检查，并住院观察。

对于轻微的脑震荡，所需的治疗就是时间。同时避免受到任何更深的创伤。针对头痛的症状，可以用泰诺，或阿司匹林，或维柯丁，以及其他镇痛药，以缓解疼痛。针对眩晕的症状，经常用到的药有茶苯海明、美克洛嗪等。这些药物同样可用于治疗晕动病，比如晕船、晕车和晕机。通常，受害者在几分钟、几个小时或者几天内就能恢复如常。

问题 9：当你“喘不上气来”时，会发生什么？

我笔下的人物腹部遭到了重击，并让她感到“喘不上气来”。这到底是怎么回事？她需要多久才能恢复？

如果某人受到严重的钝力，伤及太阳神经丛，也就是胸骨下端和肚脐之间的腹部区域，确实会停止呼吸几秒钟。许多神经离开脊髓并分散到身体的各个部位，会通过一些“中继站”，也就是我们所称的神经节。其中几个神经节位于腹部后方靠近主动脉的地方，主要有腹腔神经节、肠系膜上神经节和下神经节。它们合在一起通常被称为太阳神经丛。

如果对这个部位猛力一击，会导致这些神经节和神经释放几秒钟大量不稳定的脉冲。这反过来又会导致横膈膜痉挛或绞痛。横膈膜是分隔胸部和腹部之间的肌肉。横膈膜的运动会将空气吸入肺部，然后迫使空气从肺部排出。当横膈膜痉挛时，人无法呼吸，并因此感到喘不上气来。

症状包括疼痛（既来自重力一击，也来自横膈膜痉挛，想象一下腿抽筋或肌肉痉挛吧）和窒息（因为无法呼吸）。通常受害者会流泪，他们会弯下腰或倒在地上，并试图吸入空气，而这是不可能发生的，除非横膈膜放松下来，并恢复正常。恐惧在这种情况下产生了很大的影响，因为他们觉得自己可能永远都无法再度呼吸了。

值得庆幸的是，在几秒钟内（5~20秒），神经系统就会“重整旗鼓”，横膈膜也会放松下来，呼吸也随之恢复。当然，当你不能呼吸时，这几秒钟就像来世一样漫长。在那之后，受害者需要几分钟才能完全恢复，然后她就什么都能做了。重力击打和横膈膜痉挛可能会产生轻微的余痛，但整体来说她会恢复如常，不会留下长期损伤。

问题10：一个人被推下楼梯，会发生什么损伤？

我小说里的主人公把两个20多岁戴兜帽的人推下了一段比较短的水泥台阶。为了剧情的发展，在这次交战之后，我需要这两个戴兜帽的人身体都无法行动，各自在不同的时间段里不能继续追踪主人公。其中一个有几天不能动，而另一个则一个星期左右都不能活动。

前者在丧失行为能力或住院期间必须神志清醒，而后者不一定需要这样。此外，前者恢复的程度必须至少还能严重伤害主人公，双方才能再次碰面。两个戴兜帽的人会受到哪种损伤，才能符合我剧情的条件，你能为我提供一些建议吗？

从楼梯上摔下来，会提供几个非常现实的受伤机会。你笔下戴兜帽的两个人可能会遭受我接下来详细描述的任何损伤，其差别在于严重程度。

骨折

水泥台阶会导致骨折，比如手、腿、肩关节、髋骨、肋骨和颅骨都可能骨折。这些骨折中的任何一种都可能阻止两个兜帽人立即追赶主人公，尤其是颅骨、腿和髋骨骨折。每种情况都需要好几周才能完全恢复。

髋骨：髋骨骨折需要手术治疗，会让伤者卧床不起几个月。摔下楼梯后他虽然意识清醒，但至少在4~6个月内无法追缠主人公。

颅骨：如果颅骨骨折了，患者可能意识清醒，也可能丧失意识数分钟或好几天。你可以随意选择。恢复需要几个月的时间，而且在此期间与任何人打斗对他来说都是不明智的，不过他也可以那么做。事实上，如果他是一个硬汉，几天之内他就可以上阵搏斗了。他会头痛得要命，如坠地狱，但这么做是可能的。尽管难度很大，但我怀疑大多数读者会接受这样的安排。颅骨骨折的情节可以安排给2号兜帽人。

腿：股骨骨折，也就是大腿骨折，与髋骨骨折类似，需要手术治疗，而且康复还需要几个月的时间。胫骨或腓骨骨折，也就是小腿骨折，可能需要，也可能不需要手术，但需要打石膏固定4~6周。

肩关节：肩关节骨折往往需要做手术，但如果只是肩关节脱臼，可能就不需要了。如果需要动手术，他会有好几周不能动，但如果是脱臼，就只有一两天不能动。不过，患者将承受相当大的痛苦，而且如果你觉得行得通，还可以让他成为“独臂侠”。在肩关节分离或脱位的情况中，一般会用绷带将手臂固定几周，直到撕裂和拉伤的韧带愈合。

手臂：肱骨骨折，也就是上臂骨折，与肩关节骨折的情况类似。桡骨或尺骨骨折，也就是下臂骨折，需要打石膏固定几周。最后的结果是患者只能用一只手臂打斗，尽管石膏也能作为很好用的一种武器。

肋骨：假设肋骨断裂并没有刺破肺部，他会有几天觉得非常疼痛，而且接下来的几周还会感到相当痛苦。不过，几天之后，他也可以重新追缠主人公。这个伤势可以安排给1号兜帽人。肋骨骨折产生的疼痛会很剧烈，而且往往是锐痛和刺痛，呼吸以及肩关节或胸部活动时还会加剧痛苦。伤者确实可以打斗，但要忍受相当大的痛苦。

如果肋骨刺穿肺部，并导致肺萎缩，那他住院和康复会需要更长时间，情况也更复杂。

头部创伤

脑震荡非常适用，因为患者会丧失意识几分钟到几个小时，然后就没事了，除了有点头痛。其他残留的症状可能有：头晕、轻度恶心、视力模糊、颈部僵硬。这些症状可能是轻微的，也可能很严重，会持续一两天或长达几周。当然，患者可以在一两天或几天内就重返战场，一切按你想要的来安排。哪种情况在医学上都行得通。想想美国国家橄榄球联盟的四分卫吧。

肌肉拉伤

背部肌肉拉伤，尤其是后腰，会让兜帽人不可能立即起身去追缠主人公。不过，用止痛药和肌肉松弛剂治疗后，他的疼痛很可能会在几天内消退。那时，他就可以几乎不受任何限制地攻击主人公了。或者他可能继续感到疼痛和僵硬，而这会妨碍他追缠和打斗的能力。

内伤

从水泥台阶上摔下来，与车祸相似。各种各样的内伤都可能会发生。肝脏撕裂、脾脏破裂和肾脏破裂都需要做手术，且恢复期漫长。肾脏挫伤（肾脏淤血）可能适合你的小说。发生这种情况时，摔倒会损伤肾脏，由此带来的创伤会导致尿痛和尿血。恢复需要几天到几周不等，在那之后，他就又可以与主人公追缠并打斗了。虽然有点痛，但他能打得动。

1 号兜帽人可以发生肌肉拉伤、脑震荡、肋骨骨折，或肾脏挫伤，在恢复过程中不会失去知觉，而且几天之内就又能上场打斗了。

2 号兜帽人可以出现更严重的骨折（髋骨、腿部、肩关节、颅骨）；或者更严重的脑震荡（甚至伴有脑内出血）；或肋骨骨折，可伴有（或不伴有）肺部刺穿或内伤。他可以陷入昏迷任何一段时长，也可能全程都意识清醒。他需要几周到几个月才能恢复。

问题11：坠落到岩石上，会发生什么损伤？

如果一名男子被人从60英尺（约18.3米）高的悬崖推下，并摔到崎岖的岩石上，将导致什么整体或局部的损伤？

一般来说，从18米高的地方坠落并摔在崎岖的岩石上，定然会致命，除非出现奇迹。有人从飞机上跳下来，降落伞却失灵了，但最后还能活着讲述事情的经过，但这些都是极其罕见的，而且他们通常是降落在最近刚犁过的田野上，或者类似这样“慈悲”的某个地方。不用说，这是不常发生的事情。

这样的坠落会摔断胳膊、腿、颅骨和脊椎，肾脏、肝脏、肺和脾会摔得粉碎，胃、肠、膀胱和主动脉会破裂。毫不夸张地说是血肉模糊。

对于这种类型的坠落，你不妨希望受害者受什么损伤，就安排他受什么损伤，只要那些损伤非常严重。在这种情况下，损伤不会是轻微的。

如果尸体是在尸僵期间被发现的，它就会是僵硬的，并且“冻结”在受害者死亡时的那个姿势。记住，尸僵出现在死亡12个小时之后，然后在接下来的24个小时内分解。如果尸体在这个大致时间框架之前或之后被发现，那么尸体会是软的，而且如果抬起尸体，骨头可能会咯吱作响，就像抬着一袋弹珠一样。

当然，许多部位的骨折可能是复合性骨折，意思是断裂的骨头会刺穿皮肤，而且腹部或胸部可能会破裂。此外，崎岖不平的岩石可能会导致裂伤，以及手臂、腿部、腹部和胸部组织出现深度撕伤，或者因为撞击可能导致岩石直接刺穿颅骨，而不是颅骨骨折。死状惨不忍睹。

问题 12：从楼梯上摔下去会怎样导致死亡？

一名女子，34 岁，从一段 14 级的室外台阶上摔了下来，最终死亡，这可能吗？她一整个晚上都在喝酒，烂醉如泥，而且当时还穿着将近 13 厘米的“恨天高”。她需要摔在什么特别的地方吗？什么会导致她死亡？我认为应该撞到脑袋，但你还有其他想法吗？如果是有人推她的，在尸体解剖中有什么方法可以识别吗？

这种死亡每天都会发生，尤其对那些醉酒的人。台阶、梯子，还有浴缸，是普通家庭中非常危险的地方。从 14 级台阶上摔下来会导致严重且致命的伤害，而且在许多方面类似一场车祸。

许多不同的损伤会导致死亡。肝、脾或其他内部器官破裂会导致内出血和死亡。股骨（大腿骨）骨折是很可能会发生的一种伤害，而且还可能是致命伤。如果股骨碎裂，其锋利的边缘会割裂腿部的大动脉和静脉，大量失血和死亡也就紧随而至。如果骨头“刺穿”皮肤，这种骨折被称为“复合性骨折”（又叫开放性骨折），血液会通过穿刺的地方流出体外。但即使没有发生复合性骨折，且皮肤保持完好无损，致命的大出血也依然可能发生。大腿可以容纳几夸脱[1]的血液，足以导致休克和死亡。

然而，头部或颈部受伤是最好的安排。要么是颈部骨折，要么是颅内出血，也就是大脑内部和脑周出血，同时颅骨可能骨折也可能不骨折，都非常适合你的场景。死亡可能瞬间发生，也可能需要几分钟、几小时，乃至几天。

问题13：鼻子被打破会怎么样？

一个人鼻子被打破之后看起来是什么样？需要做手术吗？鼻子遭到重击之后，只是会流鼻血而没有骨折，这可能吗？

受害者的鼻子可能只是简单地流血，也可能会肿起来，颜色发紫，并流血；或鼻梁骨粉碎并变形，甚至鼻子塌下去，并流血。不管什么情况都会流鼻血。因为鼻子的内壁，也就是我们所称的鼻黏膜血管丰富，因此出血很常见，即使受到的是轻伤，也会流鼻血。

鼻子大部分是软骨，只有根部是骨头。因为软骨柔韧，且有弹性，所以有时遭遇重击也只会损伤软组织，而不会发生骨折。

有时，软骨、骨头或两者都会断裂。一切皆有可能。

如果鼻子骨折了，往往要移回到原来的位置，用绷带包扎，然后让其自然愈合。虽然通常不需要做手术，但偶尔也可能需要。在愈合阶段，往往会将一个短金属“夹板”固定在鼻子上作为支撑。

1 夸脱，分英制和美制两种。美制分干量夸脱和湿量夸脱。美制干量1夸脱=1.101升，即1101毫升。文中血液应为湿量，1夸脱等于0.946升，即946毫升。——译者注。

鼻子会有一段时间保持青一块紫一块，眼睛下面的区域也是这样，因为血液往往会聚集在那里，至少持续两周。

问题 14：“熊猫眼”会持续多长时间？

我笔下的人物脸上挨了一拳，就在她的一只眼睛附近。她的“熊猫眼”会持续多长时间？

淤青，也就是挫伤，是因为受到某种外伤，血液从损伤的毛细血管渗漏导致的。比如眼部挨了一拳，大腿碰到了桌角，以及脚踝扭伤，都可能导致淤青。最终导致的蓝黑色变色的范围大小取决于受损血管会渗出多少血液，而且不同的身体部位也会有所变化。

眼睛周围的组织（眶周部位）布满了血管，而且很柔软。因此，这些地方很容易淤青，且非常严重。这个部位出现的变色相比大腿或手臂的挫伤要明显得多，且持续时间要长得多。在眶周挫伤中，地心引力的作用往往也会让血液下行，因此淤青会蔓延至脸颊上部。

毛细血管渗出血液会持续 2~3 天，所以在这个阶段淤青会扩散，且颜色加深。这就是为什么你要在撞伤后的 72 小时内冰敷。这能减缓血液流动，有助于血液凝块，从而减少血液渗漏，并由此减小淤青的范围。

从受伤的第 3 天到大约第 10 天，已经渗入组织的血液会被分解，体内的酶和游走细胞，也就是巨噬细胞会清除这样的血液。最初的深蓝黑色会逐渐淡化。

从第 10 天到大约第 20 天，淤伤的残余紫色会变成棕绿色棕黄色。这是由于人体的酶会破坏血红蛋白，而这个过程产生的分解物就拥有这些独特的颜色。这些分解物反过来又会被巨噬细胞消耗并清除掉。在第 20 天的时候这种变色就应该消散，且挫伤部位的皮肤颜色应该恢复正常。

简要地说，蓝黑色的淤青会在 3 天内加深并扩散，在接下来的 7 天内会减轻，并开始消退，然后在接下来的 10 天内变成棕黄或棕绿色，并继续变淡，直到最后消散。

在受伤的第 7 天到第 10 天，你笔下的人物应该能通过化妆遮盖伤势了。

问题 15：脊髓的哪个部位受伤会导致四肢瘫痪？

在我的故事中，有一个角色在离开对峙现场时，背后遭遇枪击。他变成了四肢瘫痪的人，但尚能使用右臂和左手，且不用呼吸器也能自主呼吸。子弹要射入脊髓的哪个部位才会导致这种结果？需要什么口径的子弹？

脊髓从大脑底部突出的脑干延伸下来。它受到脊柱骨骼的保护。沿着脊柱这条路径，脊髓将神经传送到肺部、心脏、双臂、双腿等部位。你可以将脊髓想象成你房子里的主电线。这根线要从一个房间延伸至另一个房间，就会分出支电线，通向客厅、卧室、厨房、车库等处。如果这根主电线被切断，那么切断部位之后分岔的电线就会不起作用，不过那些在此之前就分岔的电线还会继续发挥作用。按照上面的顺序，如果这条主电线在卧室和厨房之间被切断，那么厨房的电器将不再运转，且车库门遥控开关也将失灵。但客厅和卧室的灯将不会受影响。同样地，如果脊髓受损，在受损区域远端（下游）的所有身体部位都会停止正常工作。

从功能上来说，可将脊髓分成不同的“节段”，不过从解剖学的视角来看，脊髓并没有显示出这样的划分。脊髓节段的命名与脊椎的各个节段是对应的。主要节段有：颈椎、胸椎、腰椎，以及骶椎。颈椎共有 7 节，分出 8 对神经，从 C1 至 C8，胸椎有 12 个节段（从 T1 至 T12），腰椎有 5 个节段（从 L1 至 L5），还有 5 节骶椎（从 S1 至 S5）。

每个节段分出的神经都延伸至身体的不同部位。这些神经密布的区域被称为“皮节”。医生检查脊髓受伤的病人时，可以通过判断哪些身体部位有运动或感觉功能缺陷，来确定受伤的节段。例如，C2 会让头皮和下颚无力，T10 会让肚脐水平部分的身体无力，L1 至 L3 会让大腿无力。如果医生发现肚脐水平以下部位的脊髓功能完全丧失，他就能断定脊髓大概在 T10 部位受伤。在这种情况下，受害者会被视为截瘫病人，因为他很可能会丧失使用下肢的能力，而 T10 以上的部位功能都很正常。

在你的情节中，关键的节段在于 C3 至 C5，它们控制着横膈膜和呼吸，还有 C6 至 C8，它们会让上肢无力。你笔下的人物受伤部位必须在 C5 以下，才能让呼吸不受任何损伤，但如果他几乎丧失上肢功能，受伤部位又必须在 C8 以上。这就意味着 C6 或 C7 节段受伤说得通。其对应的子弹射入伤口应靠近肩关节和颈部在后背的交会处。这个节段受伤会让受害者保有呼吸的能力，同时丧失一只或两只手臂的功能。

要注意，很重要的一点，这样的缺陷不一定是对称的。也就是说，左侧所受影响可能大于右侧，反之亦然。所以，你笔下的人物可以稍稍或甚至能完全使用右臂和右手，但左侧身体却完全瘫痪。这就是这些类型损伤的特点。

任何枪支都可能造成这种损伤。较小口径如0.22或0.32的子弹直接射中会让脊髓严重受伤。较大口径如0.357或0.44的子弹，即使没有直接射中，也会造成脊髓更大的损伤。

问题16：孕妇和尚未出生的孩子经历严重的脑震荡和近乎溺死能幸存下来吗？

我的故事中有一个女性角色，怀孕6个月了。在一次爆炸中，她因为头部猛地撞到室内游泳池的梯子，失去意识掉进了水里。她缺氧时间不明，但不至于太长。落水后不久，就有人将她救起，并进行人工呼吸，而她也恢复了呼吸，不过仍然没有清醒过来。

到医院后，医生称她陷入“轻度昏迷”。经超声波检测，胎儿似乎很好。她持续昏迷了两三天，不过每天都能做出更多反应。这样安排合理吗？会不会有长期的负面影响？医院还会为她做其他检查或治疗吗？

你所设想的情况不仅可能会发生，而且概率还相当高。

是否会留下后遗症，得看最初所受创伤的严重程度、接受治疗的效果以及运气。她可能只是脑震荡，也可能颅内出血（脑内或脑周出血），比如硬脑膜下血肿（大脑和颅骨之间积血），这类情况需要动手术。她可能因溺水导致大脑缺氧，而遭受严重且不可逆的伤害；也可能彻底痊愈，不会在后期留下任何损伤。根据你的设定来看，简单的脑震荡最为恰当。脑震荡患者可能会立即清醒，也可能会连续昏迷几天，就像你描述的那样。

她极有可能会恢复得很好，只有一些轻微的后遗症，比如头痛、丧失部分认知功能（比如思考和解决问题），以及记忆有些困难。这些情况可能比较轻微，一个月左右就会逐渐好转。她不太会出现运动或感知方面的障碍，也就是说，她的双腿、双臂和其他部位都能正常活动。创伤可能会在她的大脑里留下疤痕，并引发癫痫，不过这种情况的概率并不高。

在医院，医生会为患者进行颅骨 X 光扫描、脑部核磁共振成像或电脑断层扫描等检测（腹部用铅板加以遮挡，以保护胎儿免受辐射伤害）。此外，可能还会进行脊髓抽液和脑电图分析。

可以为她静脉注射一些药物，比如类固醇（甲强龙和地塞米松是不错的选择）或输利尿剂（常见的呋塞米和甘露醇），以缓解大脑肿胀，然后观察是否出现并发症。这是唯一可行或必要的治疗手段。

胎儿将受到密切关注，一旦出现任何问题或胎儿窘迫的迹象，医生就会施行剖宫产。监测的一种办法是将电极片贴在母亲腹部，通过心电图来记录胎儿的心律和心率是否稳定。此外，也会在母亲下腹部置入胎儿镜。这是一种超声波探头，利用声波造影，能将胎儿即时“动态”图像在小荧幕上显示出来。胎儿窘迫的征兆包括心率或心律非正常加速、减速与不规律，以及一切不正常的胎动。

在这次意外事件之后，她可能会出现一些情绪障碍，比如莫名其妙地流泪、躁动不安和焦虑等，也可能会失眠、抑郁，以及无缘无故发脾气。毕竟她还怀着孩子，会担心宝宝的健康。她可能会因为发生了这样的事情而责怪自己，也可能会责怪她的丈夫当时不在身边。不管哪种情况，适合你的剧情就好。

问题17：一个人内出血有可能拖上几天才死吗？

我的故事发生在19世纪的马车队。我故事中的一个人物在渡河时遭到马匹拖行，撞上好几块石头，又被马车后轮弹起。当然，马蹄也对他造成了伤害。三天后，他因内伤导致失血过多而丧命。拖延三天之后骤然大出血，这个设定对故事情节的发展非常重要，但是这样合乎常理吗？

这个问题的答案是肯定的。

不难想象，这个意外可能造成各种外伤。骨头断裂、头骨骨折、脖颈骨折、肋骨骨折、气胸以及腹内损伤（腹腔内部受创）。其中最后一种创伤可能符合你的剧情需要。

脾脏破裂、肝脏挫伤或肾脏受损，这类创伤造成的出血会流进腹腔。有可能立即死亡，也可能出血缓慢，几天后才死。他将感到剧痛无比，尤其是在移动或呼吸的时候，而且腹部会肿胀。此外，肚脐周围及腹部两侧会呈青色，出现类似淤血的变色。通常要24~48小时以上才会出现。这是因为血液从“筋膜平面”间渗出。筋膜是极具韧性的白色组织，能将肌肉与肌肉隔开。血液会沿着这些间隙外渗至深层皮肤，造成变色。

但有个问题是，这类内伤不会引发外出血。腹腔是密闭空间，因此血液无法排出。

不过，如果受伤的是肠道，就可能出现外出血。出血部位必须在肠内，而不是腹腔。如果肠道破裂或撕裂导致肠内出血，血液将从直肠流出。由于血液在肠内会产生缓泻剂的效果，所以出血可能立即发生，然后断断续续直至死亡。然而在这种情况下，伤患几分钟、几小时乃至一天内就会死亡，最多不过两天。就这点来说，三天后才出血的安排似乎不太合理。

不过，有个例外也许符合你故事发展的需求。

即非肠道破裂或撕裂，而是肠淤血，并由此造成肠壁血肿。随着血肿面积扩大，输送到这个肠段的血液供给就会减少。一两天后，肠段将坏死，在医学上，我们将其称作“缺血性肠坏死”。一旦肠段坏死，就会立即发生出血，这样一来就会出现受伤三天后再出血的情况。

根据你设想的情境，这个角色理应出现多重外伤致使腹部肿胀、变色、剧痛、发烧、寒战、说胡话，最后是出血，这些都可能发生。这并非十分得体的死法，但我想在拓荒时代应该比较常见。伤者应被安置于篷车内的床上平躺，由其他人给予最大的安慰。他们可能会用海绵蘸水来缓解他的发烧状况，喂他喝水或喝汤（不过他可能会呕吐），并为他祷告祈福。也许他们能找到鸦片酊剂让他服用。这能稍微减轻痛苦，因为鸦片是一种麻醉剂，也能帮助减少肠道蠕动，进而减轻疼痛甚至出血。

当然，基于你设定的时代背景，你笔下的人物不会知道我所描述的任何外伤原理，顶多知道他受了重伤，性命堪忧。一些马车队的成员可能以前见过类似外伤，或许了解伤势的严重性。但他们不可能懂得其中包含的生理学原理，说不定还认为“既然他都能活过第二天，应该就不会有事”，因此对他最后失血而死震惊不已。也有可能他们知道马车颠簸不仅对伤患是个折磨，而且对伤势恢复也不利。车队说不定在他活着的那三天稍做停留，抑或让部分马车停下来照顾他，让其余的继续前行。

问题18：19世纪的截肢技术怎么样?

我的故事背景是19世纪的美国边疆地区。在小说即将进入尾声时，我故事的主人翁必须进行手臂截肢（手肘近距离枪伤，从手肘上方截肢）。请问截肢手术的一般程序是怎样的？由于弹头严重伤及血管，所以我认为主人公会先使用止血带。这么做没问题吧？我会让患者吸点乙醚，以便外科医生能从容进行手术。

在19世纪，截肢是危险又残酷的事情。当时的医学无法修复受损的四肢，也无法控制坏疽感染，因此截肢在那时被视为拯救伤者的唯一希望。然而，过程中外科医生还得担心伤患因失血休克而死，以及术后残肢感染，这些都伴随手术始终。因为当时没有库存血可以补充失血与治疗休克，抗生素也尚未问世，就算手术顺利完成，伤者也常死于持续出血或感染。

由于极为疼痛，而且麻醉剂在蛮荒地区或战争期间经常短缺，外科医生不得不速战速决。常见的麻醉剂是酒精（或什么都不用），不过当时也开始使用乙醚。1842 年，医生克劳福德·朗率先于亚特兰大的一场手术中使用乙醚。至于使用乙醚的第一次公开示范，则是在 1846 年的波士顿。因此，你故事的主人公获得乙醚是很合理的安排。

即使嗅闻乙醚，患者很可能仍需由几名壮汉压制着，且嘴里大概会咬着一块皮革或木头。

在医学院读书时，我曾参与过几次截肢手术。时至今日，我仍认为截肢相当残酷，切、锯、凿、敲齐上阵。然而，即使有了那几次经验，最让我难忘的截肢手术画面还是电影《乱世佳人》里的那一幕。

没错，止血带应该紧紧缠绕于肢体周围，以防止手术中切穿的动脉大量出血。以你的故事为例，止血带应缠绕在肱骨中央（上臂）一带。外科医生首先拿一把大刀，绕着手臂周围切穿组织，直至骨头，接着以手锯切断骨头完成手术。残肢切口得用灼热的刀刃，或其他以火加热的金属烧灼，并用手边最干净的布条包扎。

19 世纪晚期，这类手术的死亡率约五成以上。由于多数死亡为失血与休克所致，因此发生得相当迅速；有些患者在世间逗留数日或数周后因感染而撒手人寰。

问题 19：肩关节脱臼的人，动作会受到哪些限制？

我笔下有个人物，被困在偏远的狩猎营地两三天，而且肩关节脱臼。请问：

1. 如果他未得到及时治疗，伤势会持续恶化还是维持原状？

2. 他会出现哪些症状？肩关节的疼痛会趋缓吗？还是在未治疗后的两三天疼痛加剧？

3. 他会出现哪些功能障碍？完全不能使用手臂吗？或者不能使用或移动肩关节，但可以用手掌抓东西或举起很轻的物品？

4. 当他最终接受治疗，医生会怎么处理这类外伤？他有多久不能工作？如果他是个硬汉，有可能在一两天内就生龙活虎吗？

可以说肩关节是人体最复杂的关节之一。它的运动范围很广，既能像膝关节一样做铰链动作，像髋骨一样旋转，甚至还能像风车那样转圈。它基本上算是一个“杵臼类关节”，杵是肱骨的顶端，臼则由肩胛骨的肩臼和肩峰组成。肩臼和肩峰将肱骨和肩胛骨结合在一起的数条韧带，以及软骨的内膜，共同形成一个平滑、零摩擦的杯状空间，称作关节囊，让肱骨的“杵”在里面活动。

脱臼，是杵在受外力脱出臼槽时发生的，通常源于肩关节直接受创或手臂遭剧烈扭转。橄榄球运动员、体操运动员和儿童由于手臂经常承受猛烈拉力，是这类肩伤的常见患者。

脱臼的疼痛来得迅速又猛烈，不过一旦脱臼“复位”（杵回到臼里），就几乎感受不到疼痛了。不过在接下来的几个小时，血液进到关节，导致周边肌肉痉挛（收缩），试图稳定关节，伤者会再次感到疼痛。这个时候无论肩关节朝哪个方向移动，都会觉得像刀刺一般疼痛。前三四天最为严重，然而疼痛和功能障碍可能会持续数周或数月。橄榄球是一项伟大的运动，我曾参与这项运动，并遭遇过9次肩关节脱臼。

脱臼复位（推拿或迅速将之移回原位）的方法有很多，有时候仅仅将手臂向外举起就能复归原位。如果有其他人在场，可以将伤患的手臂挂在自己的肩关节上（伤患站在身后），然后身体前弯将对方扛到背上。这个动作将肱骨向前、向外拉，通常足以使杵再次滑进臼里。另一个方法是让伤患平躺，抓住他的腕关节，用脚掌抵住靠近腋下的胸口处，然后将他的手臂向侧边拉。这个动作能将肱骨头向外拉，帮助杵重新回到臼里。（除非经过专业训练，否则不要轻易尝试上述方法，如果操作不当，有可能造成二度伤害。）以你的故事来说，他还可以用绳子系住腕关节，把另一端固定在树木或岩石上，接着将手臂向外一拉，使脱臼处复位。

肩关节脱臼复位应及时，越早越好。一旦肌肉痉挛，复位难度可能大大增加。此外，通往手臂的神经和血管从肩关节下方经过，穿越腋窝（从腋窝可以感觉锁骨下动脉的跳动），脱臼可能会破坏这些重要渠道，引发短期或长期问题。血管损伤可能使手臂局部缺血、血肿，甚至导致动脉瘤生长。神经受损则会造成运动功能丧失（瘫痪或无力），以及感觉功能异常（麻木、刺痛、协调性丧失、触觉和感觉弱化）。

如果肩关节无法复位，他的活动能力将严重受限。他无法移动肩关节，而且神经受损或紧绷的话，他的手可能也没办法正常使用。一旦复位，他将有几小时能正常活动，直到肌肉痉挛发作。痉挛开始后，肩关节会动弹不得，即使最轻微的动作也会引发剧痛。但他应该能弯曲手肘和使用双手。

单纯脱臼的治疗方法就是复位，用吊带把手臂固定于胸口，防止肩关节移动，并服用止痛药，给它时间慢慢复原。如果伤势比较复杂，比如关节囊受到严重损伤，或血管、神经受损，则需要手术治疗。肩关节完全复原需要好几个月的时间，不过如果是单纯的脱臼，两周后他就能慢慢移动肩关节，并进行大多数活动。

问题20：开放性气胸有哪些症状，该怎样治疗?

我有个关于开放性气胸的问题。我故事中的一个人物是一名越战退伍军人，在某一幕中，他在好友胸部受到重创大约10分钟后，将改良版的战地止血敷料贴在他的伤口上。我想知道，在这种情况下，让患者与主人公展开对话会不会太牵强？你怎么看呢？那个受伤的男人有可能幸存下来吗?

首先，我们来认识一下什么是“开放性气胸”。胸部受任何伤都令人不快，但这个名字可是有真正的医学内涵。任何物品穿透胸壁留下开放性伤口，都会造成开放性气胸。以胸部中弹为例，子弹通常在穿透胸壁组织后留下一个小洞。胸壁组织具有弹性，会在弹头路径周围反冲并塌陷，进而封锁并掩盖对外的开放路径。肺部可能被弹头穿透并导致塌陷，造成生命危险，但入口伤还不至于产生开放性气胸。如果出口伤较大，就有产生开放性气胸的可能。

较大的伤口，像是爆裂性弹片、矛、高速公路护栏造成的伤口，或上述枪伤的出口伤，之所以无法借由胸壁组织闭合，是因为伤口直径较大而留下对外开口。

呼吸时，横膈膜下降、胸部扩张，胸腔内产生负压，空气便进入我们的肺部。吐气则借由相反的过程迫使空气离开肺部。试试看闭上嘴巴，捏住鼻子，然后吸气和吐气。这时虽然吸气产生负压，吐气产生正压，但空气并未流动，因为你制造了一个“密闭系统”，空气没有对外进出的“开口”。

一旦伤口在胸壁造成足够大的开口，吸气时胸部的正常扩张会将空气从伤口吸进胸腔，即肺部和胸腔之间。吐气时，空气则从伤口离开胸腔。

这样一来就会导致受伤那一侧的肺部塌陷，而且在每次吸气和吐气时，一旦空气经伤口进出体内，就会发出一种“吸吮声”，因而称作“开放性伤口”。所幸，两肺独立于胸腔两侧，因此未受伤那侧的肺部将正常运作。

别担心，等待 10 分钟再呼救不是问题。如果他的身体还算健康，撑一个小时都有可能。他会活下来，而且单靠一个肺能说上一阵子的话。他会呼吸急促、咳嗽不停、痛苦不堪，且感到极度恐慌，不过没有生命危险。

使用的敷料必须是“封闭性的”。换言之，必须能密不透风地“封闭”开口。透气纱布没用。紧贴皮肤形成密封状态的塑料膜绷带有很多种，其他像是塑料包装、食品袋或垃圾袋，或是玻璃纸都能派上用场。要是手边只有纱布，就涂上凡士林之类的药膏，或利用奶油、泥土，让它几乎密不透风。

如果肺部未被刺穿，在等待送去医院救治期间，他的肺部将在某种程度上重新充气。一旦到达医院，外科医生会替伤患修复伤口，并置入胸管。那是一根又大又烦人的塑料管，医生将之滑进胸壁，戳向肺和肺壁之间。塑料管的用途是引流，借此让肺脏重新充气，几天后就能拔掉该管。如果这是唯一伤势的话，你的伤势就会复原且健康无碍。

第二章　环境伤害及其治疗

问题21：某个人因暴露而死会发生什么？

当说起一个人因身体暴露在外而死，这是什么意思呢？我说的暴露在外不是冻死，仅仅就是因身体暴露在外而死。

“身体暴露在外而死”是一个很广义的说法，它包括很多种死亡方式，有冻死、中暑而死、饥饿而死和脱水而死。简而言之，如果受害者站在一个空荡荡、没有任何遮蔽物的地方，并且他不是死于受伤或者疾病，如果他死了，那么这就是因身体暴露在外而导致的死亡。他没有食物，没有水，也没有遮蔽物。所以，如果寒冷和炎热不是导致死亡的因素，那么缺少食物和水源很可能就是罪魁祸首了。

问题22：某个人因脱水而死，会发生什么？

脱水而死是什么样的感觉呢？意识混乱？极度口渴或者是相反？会不会看见海市蜃楼？如果一个老婆婆在夏天爬山的时候迷

路，那么从脱水到死亡有多长时间？

脱水就是身体失去水分。水分流失不光发生在流汗的时候，也会在正常呼吸时从肺部流失，我们称之为“无感流失”，因为在这种情况下的水分流失我们察觉不到。空气越干燥，呼吸越急促，从肺部流失的水分就越多。理论上讲，光这样就可能流失 1 夸脱以上的水分。任意一种活动，像散步、跑步、背背包或者爬山，都会使呼吸频率加快，进而导致无感流失。炎热干燥的气候会使水分流失得更快，即使是在冬季或者山上的低温环境下，干燥的空气也可能造成严重脱水。

脱水的快慢受各种因素的影响。如果天气非常炎热干燥，可能只要几个小时；如果天气多云凉爽，可能需要几天的时间。

严重脱水时，随着身体水分的流失、血量的减少，会导致血压降低。另外，钠、钾、镁这些电解质随着排汗流失，也会引起肌肉无力和抽筋。

口渴是初期症状，只有当身体流失大量水分时才会出现。这就意味着随着口渴的发展，患者已经严重脱水了。随之而来的症状还有疲惫、呼吸急促、无力、肌肉抽筋、恶心和偶尔呕吐、妄想、说胡话，最终虚脱、昏迷，然后死亡。

当环境温度高时，体温会大幅升高，而一旦升高至 103 华氏度（39.4 摄氏度）以上，头脑就不如平时清醒了。患者不能正常思考，就很可能会在原地打转或者产生幻觉，所以也很可能看见海市蜃楼。

当然了，海市蜃楼是由光的物理特性造成的。从沙漠或者道路上蒸腾起的热气改变了空气的密度，造成光线折射（热空气比冷空气密度低）。所以，我们看蓝天像在地平面下，好像水域的一部分。通常，脱水而且神志不清的患者会盲目地朝着水源奔去，但是他永远也到不了。

孩子和老人特别容易脱水和中暑，因为他们能够储存水分的肌肉和组织比较少，脱水的速度比较快，也较早出现脱水的信号和症状，而且情况较为严重。

根据你设定的情景，高温的夏季和高海拔的地点会共同加速老婆婆的脱水。高温会使流汗增多，而高海拔的低水蒸气压（这意味着空气很干燥）会使水分的无感流失加速。另外需要注意一个因素，是她开始爬山时的脱水程度，如果当时她已经有一点口渴了，那么麻烦找上门的速度会更快。除此之外，如前文所述，她活动量越多，脱水速度越快。如果她坐在阴凉处等待救援，有可能会活好几天；如果她试图翻山越岭寻找下山的路，也许活不过24小时。显而易见的是，如果她有任何潜在的心肺疾病或者糖尿病，她的存活时间会随之减少。

问题23：脱水应该怎样治疗？

脱水的急救方法是什么？在我的故事中，守林员发现了一名严重脱水、虚弱无力的登山客。他帮助这个年轻人，把他带到安全的地方。但是请问，接下去守林员应该怎么做？在登山客的双唇间滴水滋润，然后把他送到医院吗？接下来呢？打点滴（静脉注射葡萄糖）吗？

你说的没错，你要用任何可以做到的安全方式给患者补充水分。开始的时候，要让患者啜饮或者在双唇间滴水，选择啜饮或者唇间滴水中的哪种方式，要依患者的当下状况和意识程度而定。至于其他治疗，要视有没有热衰竭或者中暑情况而定。

如果环境凉爽或者寒冷，比如说在山上或者雪地上，要用毛毯或者毛巾、毛衣把患者裹上，因为在这种情况下，脱水导致患者体温下降。一般来说，这类脱水的患者身体摸起来凉凉的，而且脸色苍白。如果严重脱水，血压就会降低，脉搏虚弱，还有可能意识模糊，定向力丧失。补充液体（最好是温热的）和给身体保暖，这两种办法是最主要的急救办法。

根据你设定的情景，那个登山客很有可能热衰竭或者中暑，因为环境温度很高。两者的情况类似，都是因为脱水和核心体温升高引起的，而后者的情况更为严重些。这类患者经常见于跑步者、橄榄球员、建筑工人、军事人员，以及任何在炎热天气下活动的人，就比如你假设的登山客。一般情况下，他们很容易大量排汗，所以很快就会脱水。

热伤害是一个广义的分类，我们用它来泛指任何引起人的严重脱水和体温升高的情况。热伤害初期（也就是热衰竭），患者会流汗，但是随着热伤害持续加重和患者核心体温升高，患者会停止流汗，接着自然散热的机制丧失（中暑），导致病情雪上加霜。因为这是人体内建的自我保护机制，把仅剩的血量分流到心脏和大脑等重要的器官，远离皮肤。然而，流经皮肤的血液正是身体的冷却器，可以降低升高的体温。身体以损害自身的方式运转，导致核心体温骤然升高。105~108 华氏度（约 40.5~42.2 摄氏度）的体温是不正常、不常见的。因此，中暑的人可能满脸通红，而且通常皮肤摸起来会暖和干燥。中暑后，如果不及时积极地治疗，死亡率非常高。

无论患者是热衰竭还是中暑，首要的治疗措施是降低体温和补充水分。这些措施应该立刻实施，同时及时将患者送往医院，不得拖延。用海绵蘸水或者蘸其他冰凉的液体擦拭患者身体降低体温，用毛巾、衬衣或者任何手边能用的东西给患者扇风。降低核心体温和通过补充水分来缓解脱水状况同样重要。实际上，当中暑患者到达医院的急诊室，医护人员会把他们放到冰水里，以降低他们的核心体温。要不然大脑无法承受中暑产生的高温，很快就会产生永久性的损伤。

如果患者昏迷、神志不清、意识模糊或者抵抗治疗，那么你的麻烦就来了。往昏迷或者抵抗治疗的患者嘴里灌水可能导致水吸入肺部而受伤。要判断脱水和水吸入肺部哪个更严重，就不好说了。

你假设的护林员很可能随身带着水壶或者其他装水的容器。他可以给患者啜饮水分，在患者脸上和胸前洒点水，用衬衣或者其他可以扇风的东西给患者扇风。他还要把患者挪到就近的树荫下，然后再用任何他可以想到的办法把患者弄到文明世界。护林员可以呼叫直升机救援队，或者做一个担架把患者拖到山下。无论怎样，只要还有水，护林员就要持续不断地给患者补充水分和降温，直到水源耗尽。

在医院里，患者会接受静脉点滴注射，通常是用 5% 的葡萄糖水溶液，或者是 5% 的葡萄糖加只有血液一半盐分（氯化钠）的混合液体。

如果需要的话，可以根据血液样本的矿物质检测结果，相应地添加钾和镁等电解质。肾功能的检查也很重要，因为脱水或者热伤害都会对肾脏造成损伤。

问题 24：一个人能在冷冻柜里活多久？

在我的故事里，一个人被扔进商用冷冻柜里，那么这个可怜虫多久会被冻死呢？

这个所需时间的长短涉及很多因素，所以可能没有绝对的答案。影响他存活的因素包括以下几个方面。

体型和体重：在这种情况下，高体脂就会是个好事。脂肪能够起到隔绝的作用，并且是身体热量的能量来源。

年龄：孩子和老人的抗寒能力很弱，他们的危险也会比较大。

已有疾病：心血管疾病、糖尿病或者贫血都可能加速受害者死亡。

食物和饮料的摄入量：什么时候吃的最后一餐，吃的是什么，这两个因素也会影响受害者的存活时间。高碳水化合物的饮食或许会延长受害者的存活时间。如果受害者体内水分充足，就会比在脱水的情况下坚持的时间久。饮酒绝对会加速体内热量的散失，从而加速死亡。

药物或者毒品：如上所述，酒精和其他一些药物会加速身体热量的散失。比如，利尿剂会造成身体脱水，降压药会造成血管扩张，从而增加热量散失。

衣物：滑雪外套的保暖效果要比纯棉夏威夷衬衣好。

冷冻柜温度：让我们祈祷这个冷冻柜是坏的吧。如果这个冷冻柜只是一个简单的蔬菜保鲜柜，那么它的温度就会在冰点以上。如果它是一个肉类或者冷冻食品的冷冻柜，那么它的温度就会在冰点以下，还有可能低于零华氏度（零下 17.7 摄氏度）。另外，冷冻柜里的循环风扇也绝对会缩短受害者的存活时间。想一想风寒效应（是指在相同的温度下，风速带给我们不同的寒冷感觉）吧。

现场是否有御寒材料：冷冻柜里的任何可以充当外套或者搭建“冰穴”的布料、帆布或者覆盖物都应该利用起来，它们都可以帮助受害者保持身体热量。

也许你可以利用其中的某些方法，使受害者的存活时间延长一些或者缩短一些，这就取决于你的情节需要了。一般来说，想要冻死一个人，两个小时的时间可能不够，可是 48 小时就足够了。如果受害者就是个普通人，他没有穿着去南极的衣服，把他关在冷冻柜里一晚，很可能就被冻死了。

很多人能在暴风雪或者冬季的深山中迷失很多天仍然存活，而有些人却挺不过 12 个小时。你的受害者可以成为这两种人中的哪一种，完全看你的意愿了。

问题 25：饮酒可以防止冻死吗？

这在医学上讲得通吗？如果有一个人晚上的时候掉进结冰的湖里，他不能自行脱困，但是口袋里装了一瓶白兰地，然后他一个晚上都在不停地小口饮酒，直到第二天早上被救的时候还活着。那么，是酒精帮助他活下来的吗？酒精在这里起的是不是防冻剂的作用？

抱歉，你塑造的这个人物是逃脱不了死亡的，而且他饮酒的行为只会加速他的死亡。让我来解释一下吧。

皮肤是人体的散热器。在炎热的天气里，皮肤中的毛细血管扩张，流经皮肤的血液流量增加，热量会散失在空气中。这就是为什么在人觉得热时会脸红。汗水蒸发的过程中，由于体液蒸发会带走热量，从身体吸收热量，那么热量就散失了。患有热衰竭或者中暑的人，用水沐浴，并用毛巾或者其他能用的东西扇风，这些都是为了促进蒸发和加速热量散失，让患者过高的体温降下来。

寒冷的时候则是正好相反的。身体会试图留住热量。血液流经皮肤的时候被分流，这样从“散热器”散失的热量会越来越少。这就是为什么人在冷的时候看起来面色苍白。当人暴露在极寒的环境中时，自我保护不被冻伤的最好办法是把自己盖起来，避免吹风（流动的空气会吸走更多热量），并且做一个冰屋或者挖一个洞穴来创造比较温暖的空气。这样可以把热量困在“茧”中，身体的热量就会散失得少了。但是不能让身体泡在水里。受害者在水中的动作会产生类似于风的效果，就会大幅增加热量的散失。二战时期，在北大西洋上空被击落的飞行员，生还人数屈指可数。

现在，我们来谈一谈白兰地的问题吧。

酒精会使皮肤中的血管扩张，从而增加血液流量，导致热量散失。在寒冷的环境中喝酒会加速热量的散失，进而使人冻死。

酒精在人体内起不到防冻剂的作用。

根据你设定的情景，这个男人的颈部以上（头）露在寒冷的水面上，他还可能不断地扑腾挣扎以免沉进水里。冰冷的水会迅速地吸走他的身体热量，在10~20分钟甚至更短的时间内，他就会体温过低。如果他是在掉进湖里后喝白兰地或者在掉进湖里之前就已经喝醉了，体温降低的速度会大大加快。体温过低的症状包括疲劳、虚弱、昏睡和神志不清。他的力量会慢慢减弱，身体协调性变差，求生欲变小，到最后就被淹死了。

你可能还记得曾经有一个戏剧性新闻，讲的是一个年轻女人从冰冷的波托马克河里被救起来的事。救援人员扔给她一根救援绳索时，她已经筋疲力尽，没办法抓住绳索，就沉到了水下。幸运的是，一个英勇的男人跳进河里救起了她。除非你设定的人物也能遇到这样的英雄，不然他就会被冻僵淹死。

你设定的人物会生还吗？可能不会。但是急诊室有一句老话说："醉汉杀不死。"这就是为什么总在报道中看到醉酒驾车的司机撞了一车人，死的总是被撞的家庭，醉酒驾车的司机却没事。有时候，生活是讲不通原因的。

问题26：如果隧道两端都被森林大火包围，困在隧道里的人能活下来吗？

这个问题听起来非常奇怪。但是如果真的有个人被困在山体隧道内，而且隧道两端的森林大火熊熊燃烧，他会获救吗？会被烧伤吗？

生存概率取决于隧道的长度和大小，隧道两端火势是否同样猛烈，以及是否有一个远离大火的通风口以获取新鲜空气等多种因素。被困者面临两种危险，一种是高温炙烤，另一种是大火燃烧消耗氧气引起缺氧。如果受困者有潜在的心肺疾病，那么他的存活时间就更短了。

隧道的空间越大，可以用来呼吸的空气就越多，就可以离大火远一点。如果隧道两端的大火都在熊熊燃烧，那么隧道内空气里的氧气就会很快消耗光。在这种情况下，除非有新鲜的空气来源，否则受困者就会窒息而死。新鲜的空气来源可以是自然空气，也可以是通过某种呼吸装置得来的。如果只有隧道的一端着火，或者在隧道里有一个远离大火的通风口，这些能够获取新鲜空气的机会会增大受困者生还的概率，同时也为受困者提供一条逃生通道。

在两端大火的短距离隧道里，受困者很有可能窒息和被烧死。

如果森林消防员被大火困住，他们可以趴到随身携带的防护毯下，用氧气瓶呼吸。在大多数情况下，这样做能给他们提供足够的保护，撑过大火。你设置的人物角色也可以假设是这样的。如果隧道够长，让他远离火源，并且能够有新鲜的空气来源，他可能会撑到火势消退。否则，他生还的机会微乎其微。

问题 27：人被闪电击中会怎样?

在我设定的情景里，有一个人物被闪电击中了，但是没有死。那么，他会有什么外伤呢？后面会发生的长期后遗症是什么呢?

闪电击中分为四种类型。

闪电直接击中——闪电直接击中受害者。这是最严重的一种类型，在受害者拿着一种金属物体的时候，比如高尔夫球杆或者雨伞，这种时候容易发生闪电直接击中受害者。

飞弧效应——闪电在人体外部流窜。这种情况很可能发生在受害者穿着湿衣服或者满身大汗的时候。

侧边闪击——闪电击中受害者临近的建筑、树木，或者其他的人物，然后蔓延至受害者身上。

迈步电位——闪电击中受害者附近的地面，受害者的一只脚比另一只脚离闪电击中的地面近，两脚之间产生了潜在的电位差。在这种情况下，电流从受害者的一只脚进入身体，流过身体，从另一只脚流出。

我们所见的闪电，是一种直流电，它的电压非常高。电压从300万伏特到2亿伏特，电流从2000安培到3000安培。这些数字非常惊人。幸运的是，电流流经身体的时间非常短，平均是1~100毫秒。

闪电击中造成的伤害主要来自巨大的电流和人体将电能转化为热量这两个方面。理论上讲，电击能够造成心跳停止，或者造成严重的心律不齐。热量会灼伤皮肤，烧焦衣物，甚至受害者衣服口袋里的金属物品、衬衫上的纽扣、皮带扣和假牙里的填充材料都会被烧到变形或者完全融化。

人体所有组织都可能会受伤。皮肤可能会被灼伤，肉眼可以看见闪电进入身体，然后流出身体的轨迹。心肌可能受损，留下疤痕。肝脏、肾脏、骨髓和肌肉可能会受到永久性损伤。大脑和脊髓也可能受损，常见的有大腿和胳膊的持续无力。随之而来的症状是记忆丧失和精神障碍。

被闪电击中有一个非常有趣的现象，身体上会出现利希滕贝格图，虽然这种现象很少见。这种现象于 1977 年被德国的物理学家格奥尔格·克里斯多夫·利希滕贝格首次发现并记录在册。

这是一种无痛的、红色、类似于“蕨类植物状”或者“树状”的图案，它分布在被闪电击中者的背部、肩关节、臀部或者腿部，过几天颜色就会变淡褪掉，也不会留下疤痕或者是产生皮肤变色。这种现象很少见，但是利希滕贝格图非常迷人。

采取什么治疗方法要由被闪电击中者的伤势轻重来决定。如果在呼吸和心跳中，有一项停止工作，或者两项都停止工作，那么首要的急救措施就是恢复呼吸或者心跳。接着拍打身体有类固醇的地方，减轻身体器官肿胀和发炎。烧伤按照通常的方法处理，按照指示清洗和包扎。另外，要做血液测试，为了测试肝脏、肾脏和肌肉的损伤程度。如果肌肉被闪电击中受损，肌肉细胞很有可能会死亡或者破裂。如果是这样，它们就会把体内的肌红蛋白和其他蛋白质释放到血液中。当肾脏试图从血液中过滤这些蛋白质时，这些蛋白质会严重损害肾脏。要用大剂量的静脉输液来冲洗肾脏，防止肾脏衰竭。

有些被闪电击中的受害者可以恢复如初，没有一丁点后遗症，而有一些受害者可能留下了永久性的肝脏、肾脏、心脏、精神或者神经问题。在这里，运气和迅速有效的治疗方法是非常重要的。

问题 28：被困海上的人靠喝自己的尿能活下来吗？

如果有人被困在沙漠里，或者被困在海上的一个小救生筏上，他能靠喝自己的尿活下来吗？这样做有危险吗？会中毒吗？还是完全没有问题？

这么说吧，危机时不管好坏，这都是一条出路。

是的，这么做会起到作用。首先，尿液就是肾脏过滤血液产生的水和杂质。在你设定的情景中，脱水是受困者面临的最大危险，任何形式的水源都会缓解受困者脱水的危险。然而，随着脱水程度的加深，尿液中杂质的浓度会增加，因此，尿液中的毒素含量会超过水的含量，饮用尿液反而会适得其反。

事实上，当受困者想到要喝自己的尿来解渴的时候，他就已经处于严重脱水状态了，这时候他的尿液杂质或者毒素含量很高，喝了反而没什么好处。

第三章　医生、医院以及医务人员

问题 29：X 光片可以复印吗？

可以对 X 光片进行复印吗？或用其他方式制作副本？

可以。我们通常使用专用影印机来复印 X 光片。大多数医院的放射科都能制作副本，只需几分钟即可完成。另外，目前许多医院可以获取图像的电子格式并储存起来。电子数据可以用于复印、打印、更改、邮件发送等事项。

问题 30：医生怎样处理紧急状况和脑震荡？

在医疗急救情况中，医生首先会问什么呢？尤其在怀疑患者可能出现脑震荡或更严重的头部创伤时，医生会具体问哪些问题呢？

无论是哪种紧急情况，初步问诊的问题几乎大同小异。医生以最短的时间、最少的问题，尽可能获取最多的信息，这才是关键所在。现实中，急诊室分秒必争，医生没有充足的时间来询问患者的完整过往病史。我总是教导学生，在这种情况下，提问以下三个问题，可以帮他们获取大多数信息。

（1）怎么回事？发生了什么？

这在医学上称为“主诉症状”。“主诉症状”能帮助医生节省70%的时间，将诊断缩小到几个选择。如果主诉胸痛、恶心或头痛，医生会朝着不同的方向思考。

（2）过去曾住院或就医吗？如有，原因是什么？

这在医学上称为“既往病史”。患者的回答能让医生了解到其曾经的健康问题，作为评估当前病情的背景资料。许多患者目前的疾病或外伤大多与过往患病相关，可能根本没有痊愈，例如心脏病、糖尿病，因为这类疾病不会康复，往往只是好转。

（3）之前服用过什么药物吗？或者对什么药物过敏吗？

医生可以了解到患者的病情，如高血压、糖尿病、心脏病、肝炎等，以及患者目前接受哪些治疗或看护。这些信息也有利于医生避免药物的相互作用，并且避免给患者使用过敏药物。

以上是主治医师一般会询问患者的问题。如果患者失去意识，这些信息只能从亲戚、朋友、认识患者的医生或医疗记录中获取。医疗警示腕带也能提供帮助。

获取这些基本数据后，医生会对关注的领域提出针对性的问题。对于故事中头部受伤的患者，医生必须提出以下问题。

（1）头疼吗？局部头疼还是整体疼痛？

（2）视力模糊吗？有没有不正常？

（3）头晕吗？平衡感好不好？

（4）恶心或想吐？

（5）脖子疼痛或僵硬？

（6）觉得无力？全身无力还是只有某处无力？手臂无力还是脚无力？

（7）眼睛怕光吗？

（8）如果换姿势或动一下，有没有哪些症状更严重？

然后，医院会对患者进行完整的体检和神经系统的检查。根据问诊和检查结果，确定后续的化验、X 光片和其他检查。

问题 31：遇到重大自然灾害时，医院怎样安排供血配给？

我有个古怪的问题。假如洛杉矶明天发生毁灭性的大地震，血库应该很快就会告急。请问医生会积极寻求献血者吗？在类似于军队流动外科医院的临时医院中的医生，是否会走上街头，号召健康群众来献血呢？他们能够快速筛检这些血液是否含艾滋病毒吗？

所有医院都有应对地震等自然灾害的紧急防灾计划。即便这样，如果发生你提到的重大事件，这些计划仍可能负担过重，难以为继。

类似于流动军队外科医院的野地医院应运而生，而且会迅速消耗库存血液。红十字会和其他组织利用卡车运送血液，并召集自愿献血人士。临时实验室帮助地方医院进行血型分析比对，开展艾滋病和肝炎筛检。医生会尽可能招募献血人士。没错，他们可能会号召“街头”群众。目前为止，这样做还算顺利。

然而我们无法立即获取肺炎和艾滋病筛检的结果，至少需要几小时甚至是一两天的时间。随着伤患的不断增加，这些顾虑会退居其次。病患会选择流血而死呢，还是会冒着感染肺炎或艾滋病的极低风险而去接受别人的血液呢？

不过在某些时候，就算这样做也无法应急，医生必须使用未经配对和检验的同型血液来挽救性命。同型血液是指与患者血型相同，但未进行排斥性完全交叉比对的血液。只需几分钟就能确认血液是否为O型阴性，而且无须复杂仪器。但献血者和受血者的血液相容性测试会更加复杂。虽然这样会增加不良反应发生的概率，不过在这种情况下，这也算病急乱投医了。

问题32：什么是人造血？

我塑造的角色在非洲狩猎时，遭到鳄鱼袭击而重伤。鳄鱼粗暴地撕咬他的腿部，导致他在紧急送抵医院前，差点流血而死。最近我读到了人造血，想写进故事里面。请问什么是人造血？能买到吗？有哪些缺点呢？

人造血的研究已经有30年了，最初是源于对艾滋病和肝炎的担忧，血液供给不稳定和储存、运送困难，以及战地等偏远地区的血液需求。一般说来，人造血可以从肺部把氧气送到组织，并将二氧化碳带回给肺部的分子。休克或失血病患接受的静脉输液，一般是加入电解质（钠、钾等）和糖的液体，因此不具有休克时人体最迫切需要的携氧能力；而人造血就是为了满足这个需求而设计的。

然而，人造血并非“真正的”血液，其成分不含维生素、营养素、激素、抗体、血小板以及凝血所需的各种蛋白质。如果是不慎使用或过量使用，人造血会稀释血液中不可或缺的凝血因子，将导致失血状况恶化，效果会适得其反。因此，人造血通常作为一种“过渡手段”，尽可能稳定患者的伤势，直到抵达正规医疗机构，接受最佳治疗及输血。

在人造血研发初期，主要围绕提取和改变血红蛋白分子。血红蛋白是红细胞内的分子，能够结合、携带并释放氧气与二氧化碳，但必须冷藏储存红细胞。如果人造血研发成功，便无须提供完整的红细胞，也能供应血红蛋白分子。然而血红蛋白分子从红细胞分离出来后毒性极强，导致死亡率攀升。1999 年 11 月 17 日的《美国医学会杂志》中一篇报告指出，百特医疗公司名为 HemaAssist（双阿司匹林分子内交联血红蛋白）的产品使用在外伤患者中，死亡率达 46%。相较而言，接受一般静脉输液的死亡率仅有 17%，这样看来一切成果前功尽弃。

同期，许多其他产品处于研发与测试阶段，其中最具前景的产品是由麻州剑桥的拜珀公司生产的 Hemopure，已在南非获准使用，不过尚未在美国流通。Hemopure 以萃取牛血中的血红蛋白为基础，与全血不同的是，不需要进行冷藏，且保存期长达两年（妥善冷藏的血液为 42 天）。另外，使用方法很简单，透过静脉输注的方式，慢慢滴入体内即可。

在你的故事中，狩猎队伍的随行医疗人员携带 Hemopure 或者其他类似的虚构产品，这都是完全合理的。毕竟这是小说，只要人造血具有一些事实基础，且人造血的确存在，你就可以随意编造产品名称。把受害者从鳄鱼嘴里拖出来后，局部施压并使用止血绷带止血，然后进行静脉输液（或其他编造的药物），紧急送医。到医院后，对他进行真正的输血，并接受手术修复伤口。人造血将是帮助他存活下来的过渡手段。

问题33：违规输血是什么？它怎样起作用？

我正在写一个故事，有位知名的年轻田径运动员在即将到来的比赛中，通过违规输血，获得不公平的优势。请问怎样算是违规输血？有什么并发症吗？

运动表现和耐力取决于身体向运动肌肉供应氧气与营养物质，以及清理肌肉运动中毒副产物的能力。这要求心血管系统具备特殊条件，确保肝脏与肌肉中充足的肝糖以及其他能量来源，并且血液中富含血红蛋白，红细胞内的血红蛋白可以把氧气从肺部运送到肌肉中。血液里的血红蛋白越多，输送的氧气就越多。

在高海拔地区居住或训练可以增加红细胞和血红蛋白，这是一种“自然”的方法。与沿海地区的居民相比，丹佛当地居民血液中红细胞和血红蛋白浓度较高。运动员搬到山区进行训练，几周后红细胞和血红蛋白就会增加。

违规输血是以“人为”方法增加红细胞和血红蛋白。一般是抽出血液，分离并储存红细胞，然后把血浆重新输入体内。经过3~4

周，身体重新补充之前抽离的红细胞，再将之注入体内。这样可以立即增加血液内的红细胞和血红蛋白的浓度，从而增强输氧能力，提高运动性能。马拉松选手、自行车选手以及其他需要耐力的运动员，都可以利用这种方式，获得不公平的优势。

由于注入的是自己的血液，如果过程处理得当，很少会出现并发症，也不会发生输血的各种不良反应。不过，如果血液未经妥善处理，会引发许多问题。血液储存不当或违反无菌操作规程，储血过程中会滋生细菌，导致败血症和血液感染，严重时可能致命。如果血液凝结或受到晃动，可能会破坏红细胞和血红蛋白，在给血时造成肾脏损伤。

有些运动员使用别人的血液进行违规增血，妄想走捷径，省去抽血的步骤以及三周重建自身体内血液细胞数量的时间。不过即使经过血液充分交叉比对，仍有可能发生不良反应。1984 年奥运会举办期间，美国自行车队在赛前一周左右进行违规输血。他们来不及“合理地”违规输血，显然是使用亲友提供的“同型血液”。同型血液是指血型相同但未进行相容性比对的血液。这样大幅提高了不良反应的概率，另外还增加了感染肝炎或者艾滋病的风险。

医生只会在最紧急的医疗情况下使用同型血液，例如因为担心患者失血而亡，来不及进行完整的交叉比对。医生受形势所逼，先采取必要的手段，然后再解决相应后果。自行车比赛显然不属于紧急的医疗情况，我认为这次奥运会事件愚蠢、危险，甚至可笑。当然，你故事中的运动员及其教练也非常愚蠢可笑。

另有一款药物，重组促红细胞生成素，也具有此类功效。促红细胞生成素在人体内自然生成，刺激红细胞生成，也可以通过 DNA 重组技术制造，注入体内，人为提高红细胞的数量。在医疗上，重组促红细胞生成素可用于治疗慢性肾衰竭，因为患者普遍存在贫血问题且难以痊愈。

无论采取何种手段进行违规输血，都可能出现血液“增稠”的问题。血液里红细胞含量越高，血液就越黏稠。事实上，许多疾病会使红细胞浓度飙升到患者必须“放血”的程度，真性红细胞增多症就是其中一例。“放血”又称为静脉切开术，这是文艺复兴时代遗留至今的医术。如果血液过度“浓稠”，就会淤积在微血管内，引发中风、心脏病、肾脏受损，甚至需要切除手指。运动员运动后会脱水，如果以人为方式进行血液增稠，也可能导致同样的后果。

在你笔下，运动员或许在违规输血过程中出现失误，而产生输血不良反应，导致肾脏受损或血液感染；或许顺利完成了违规输血，却在比赛时心脏病突发而死；还有可能作弊成功，而且赢得比赛。

问题 34：献血的基本程序是什么？

我上次献血是在几年前。请问抽血的基本程序是什么？献血前，医生会问哪些问题？

请参考前文中医生在紧急情况下询问的基本医疗问题。这些问题对献血者也很重要，因为患有某些疾病和服用某些药物的人不得献血。其他问题会涉及判断献血者有没有肝炎或艾滋病等传染性疾病。

献血的程序很简单。将大口径针头（口径为 14G 或 16G[1]）轻微施压，扎入肘窝内侧的静脉，将血液抽入瓶中或塑料袋中。然后移除针头，贴上绷带。需要留意献血者有没有感到眩晕，或可能会昏倒。有些人会出现迷走神经症候群，容易晕血。这是由于大脑信号迸发，刺激了迷走神经。迷走神经从脑干向下蔓延至全身各处，影响心脏、肺部、血管和大部分胃肠道，影响血压、心率和其他各种身体功能的调节。当迷走神经受到刺激时，血管扩张，心率和血压骤降，人就会感到晕眩，然后失去意识。

此外，短时间内从体内抽取 1 品脱（约 473 毫升）的血液，会降低血容积，也可能造成起身站立后晕倒。这就是为什么要给献血者提供柳橙汁或者其他流质，并且必须观察半小时左右，以便身体血容积恢复平衡。在接下来的几周，捐血者的骨髓会加速造血，弥补所抽取的血液，以维持生命。每次献血应间隔两个月以上，避免引发缺铁和贫血。

问题 35：对于医院重症监护病房的枪伤病人，需要快速应对哪些紧急医疗情况？

我正在杜撰一幕场景，一位急救医护人员打算把重症监护病房中垂危坏人的生命维持器拔掉。就在他决定动手时，那个坏人（即枪伤病人）突然陷入危急情况（如心脏骤停），而这位急救医护人

1 G 代表 Gauge，是针头的单位，数字越大口径越大。——译者注。

员在其他医护人员尚未赶到病房时，出于职业本能，利用英勇的医疗行为，挽救了他的性命。根据上述剧情，您可以提供一套可行方案吗？例如设定哪些危及性命的紧急情况比较合理呢？急救医护人员应该怎么做，才能在其他人员赶到病房前的15秒左右，阻止悲剧的发生呢？

心脏骤停是不错的设定，突发、急促，而且只需一个动作就能抢救过来。急救医护人员或许在病床旁边与时间搏斗，突然病床上方的监测器显示患者的心律急速变化。心室心搏过速或心室颤动都是可行的方案。病房和外面护理站的铃声响起，负责观察监测器的护理人员看到这种情况，意识到必须紧急介入，最后通过医院广播系统立即发布蓝色警报。“蓝色警报，ICU3号房！蓝色警报，ICU3号房！”[1]

蓝色警报抢救小组通常包括重症监护室和（或）急诊室护士、急诊室医生或值班医生、呼吸技师以及其他医务辅助人员。他们推着急救车奔向重症监护室，急救车里盛放着抢救性命所需的所有药物、静脉输液和便捷式除颤器等。

同时，急救医护人员可以采取行动。病床旁边应该配备便捷式除颤器，急救医护人员只要拿起电击板，置于病患胸前进行电击。单次电击便能立即让心律恢复正常，因此当护士和其他人员赶到时，危机已经解除。当然，医生会继续检查患者，查看心电图，进行化验，从而找到发生紧急状况的原因。

另一种方案是在走廊尽头的病房或者另一间重症监护室也发出

1 “蓝色警报”是美国医院的紧急代码，通常指出现了危及性命、需要紧急抢救的成人病患。中国医院使用的代码不同，且以不同地区的医院具体规定为准。——译者注蓝色警报。也许患者心脏骤停，发出警报后，一位经验不足的年轻护士跑进病房，说蓝色警报抢救小组分身乏术。最终他要求年轻护士协助（如果合理的话，这个安排可为故事增加一些互动和对话的机会），或者请求她到另一间发出蓝色警报的病房寻找重症监护室的护士来帮忙。在她跑出病房找帮手后，他意识到必须立刻采取行动，否则患者必死无疑。

这是可信且真实的状况。我记得担任实习医生时，曾有个疯狂的夜晚，我们这层楼的多个病房同时发布了蓝色警报。用人手不足来形容，甚至都过于轻描淡写了。

问题 36：急诊室人员接到有关“无名氏”的咨询时，会透露哪些信息?

我笔下的人物因为丈夫失踪，打电话到医院询问，对方告诉她有个“无名氏”符合她的描述，于是她立刻赶往医院查看。我的问题是，医方真的会在电话中告知有个男子符合她的描述吗？她需要办理一些手续才能和那个人见面谈话吗？还是可以直接去见他?

假设那名男子是因受伤失去意识、失忆或心智混乱，否则他应该能向医院说明自己的身份，并准许医院通知他的妻子。对于这样的情况，警察可能会在场，尤其是涉及外伤。

护士长或急诊室医生可能会告诉来电者，急诊室内有个“无名氏”病人，但不会透露太多细节。因为无论怎样都不能侵犯病人隐私。不过，由于急诊室人员还有警察都不清楚这位病人是谁，一定会想查明病人的身份，因此对任何能认识他的人都求之不得，他们很可能会请她到急诊室走一趟。

当她抵达后，护士长或医生可能会带她见患者。记住，医生有照顾这个病人的责任，所以会尽可能掌握所有信息，如果有家人或朋友能辨识患者的身份，这将很有帮助。确认身份后，医生就能询问患者既往病史、过敏史、目前使用的药物等，也就是治疗病人所需的信息。

问题37：一位资深的突击队员应具备哪些专业的医疗知识？

在我笔下，有个角色曾是以色列特种部队突击队员，而且参加过专业医疗课程。尽管没受过正式训练，但他在战争中负责治疗伤患。他在策划和执行大的突击战和救援行动方面的战略技能使自己很快享誉世界。虽然他的医疗技术在故事里很少派上用场，不过我希望有必要时能尽可能地精确描绘。他的技术似乎介于军事或红十字会急救技巧和专业医生之间。现实中，这个人的医疗能力有哪些局限？

你可以任意决定他的医术水平。首先，他最起码是一名训练有素的救护技术员。他掌握了心肺复苏术，知道怎样处理各种紧急状况。既然担任战斗医务员，他应该能对各种战伤进行初步治疗，如枪伤、弹片、刀子、爆裂物等造成的伤口。他善于控制失血、保持呼吸通畅、固定骨折部位，并能缝合大多数脾胃撕裂伤口。处变不惊是他的最大优势，面对任何严重创伤或紧急情况时，首先不能恐慌，并且冷静判断。专业医生也是这样，他在这方面应该训练有素。

如果在你的设想中，他没有开展过复杂的外科手术和治疗，那么你可以决定他所做的任何事。

问题38：消防员用什么办法可以估算出受害者受困密闭空间的存活时间呢？

一名业余魔术师把自己困在家中地下室一处狭小空间里，他向妻子保证不用其他人协助就能逃脱。当然他最后拨打了119，请求消防员帮他脱困。我的问题是，消防员抵达现场后，怎样估算他在密闭空间里剩下多少氧气？他们有没有固定的换算方式，例如根据空间内容量、受困者身高体重等因素？如果他患有糖尿病，而且忘带胰岛素，这种情况会造成什么影响？

也许是估算？不可能是计算。牵扯的因素太多，让我来解释一下。

首先，从生理学来说，肺部吸进空气，将空气中的氧气输送到血液中，并从血液中清除二氧化碳，然后将空气吐出体外。这个看似简单的过程非常复杂，必须具备优质空气、功能完善的肺部、良好的循环系统、充足的红细胞和大量化学反应等条件，而许多疾病能够干扰这个过程。虽然在你设想的情景里，受困者身体健康，肺功能正常，但不幸的是，这仍然无法简化“计算”。我们来看一下，此类计算有多复杂。

在长、宽、高皆为3米的密闭空间，空气含量是27立方米（即2700万立方厘米），其中约5.67立方米（567万立方厘米）为氧气。

一次正常呼吸约需500立方厘米空气。然而，每次呼吸约有三成空气无法进入肺泡（气囊），因而没有参与气体交换（氧气从肺部通往血液的过程）。这些空气进入了支气管，而支气管又称为“解剖无效腔”，也就是无法进行气体交换的呼吸道。因此，每次呼吸大概有七成空气“可用”。人在静止状态时，每分钟呼吸16次，每次约500立方厘米。

总进气量：500×16=8000（立方厘米）

可用空气摄入：8000×70%=5600（立方厘米）

氧气摄入量：5600×21%=1176（立方厘米）

因此，一个处于静止状态的人，每分钟约吸入1176立方厘米的氧气，代表房间里的氧气能维持4821分钟（5670000/1176），约80个小时。

在密闭箱子里存活80小时，是不是看起来持续很久呢？的确如此。

这些计算是基于受困者能够使用房间内每一立方厘米的氧气的假设上，但事实并不是这样的。每次呼吸时，空气中氧气的百分比就下降，二氧化碳浓度上升。等到氧气浓度降至15%左右，受困者便凶多吉少。这意味着，仅有约6%（21%~15%）的氧气含量能让他维持生命，而且随着二氧化碳浓度的持续攀升，情况将更加窘迫。

此外，体格越大的人需要越多的氧气，而且任何活动，包括站立或走动，都会增加氧气使用量，导致计算变得极端复杂。目前只考虑了基本生理要素，其实还有许多错综复杂到难以解释的其他环节。因此即使可以计算，也很不容易，而且前来救援受困者的消防员来不及计算。如你所见，这是个很好的数学和生理学习题，但无法真正回答你的问题。

消防员抵达现场时，面对的是分秒必争的紧急情况。与其利用复杂的数学方法计算还剩多少时间，不如利用受困者的征兆和症状，判断他是否陷入危险中，然后推测他们必须在多长时间内抢救。这里所说的危险是缺氧和血液含氧量低。缺氧的征兆和症状类似于酒精中毒，可能包括疲劳、精神萎靡、晕眩、头痛、昏沉、视力模糊、妄想、幻觉、睡意、昏迷及死亡。征兆依次是专注力缺失、协调性不佳、反应时间变慢、平衡感不佳、呼吸急促、无力、最后虚脱，随着故事里魔术师消耗越来越多的氧气，缺氧情况恶化，上述征兆和症状可能是任意组合，朝着任意方向发展。这应该足够让你建构理想的场景。

消防员将对受困者进行评估，判断他缺氧的程度。相较于陷入昏迷和几乎没有呼吸，受困者如果头昏眼花，头脑不清，代表他们还有时间进行抢救。他们首先会尝试突破密室，但我猜在你设定的情境里，此举大概不太容易。不过他们会试图钻孔打洞，以便为输送氧气争取更多的时间。

受困者患有糖尿病的话，情况更加复杂，不过，他应该是I型糖尿病患者。依赖胰岛素的糖尿病患者，自身制造的胰岛素非常少，必须借助注射胰岛素来维持生命。少打一剂胰岛素可能造成血糖飙升，引发糖尿病酮酸血症、昏迷，甚至死亡。

血糖升高和糖尿病酮酸血症发作前的症状包括疲劳、呼吸急促、恶心、精神萎靡、困倦、混乱，最终昏迷、死亡。他可能会失去理智、好斗、暴躁，甚至产生幻觉。糖尿病酮酸血症与缺氧的症状极为相似。许多糖尿病患者开车不稳，因未能通过现场实地酒测，被冠以酒驾的罪名而遭到逮捕，事后证明其实是糖尿病所致。

缺氧和血糖升高会效果加倍，使症状迅速恶化，也更加危险。这对消防员来说是相当大的压力，就像拆解嘀嗒作响的定时炸弹。他们现在不仅要为受困者提供氧气与胰岛素，而且抢救时间更短了。

或许，消防员会在墙上钻孔并提供氧气， 可是等打完孔后，他的糖尿病症状严重恶化，无法听从指示，也无法给自己打胰岛素，而钻孔又不足以让人进到密室帮助他。如果其他东西阻止消防员继续钻孔，如瓦斯管线、电力管线、墙壁坍塌等，这就是个一波三折的精彩故事了。

问题39：急救医护人员能不能通过测量肝脏温度，判断事故受害者有没有生命迹象呢？

我曾经读过急救医护人员使用某种设备进行“肝脏检测”，判断事故患者是否还活着。这是什么样的检测？

急救医护人员可以通过生命体征（血压、脉搏、呼吸、意识）判断一个人的死活。如果这些生命体征都不存在，他们会进行心肺复苏术，等患者有意识后再进行询问。你提到的“肝脏检测”是验尸官或犯罪学家采用的方法，目的是推断死亡时间。他们使用的工具是温度计，将温度计插入肝脏以确定核心体温，再根据核心体温换算死亡时间，据我所知这种方法只有这样一个用途，绝对不会用于治疗或评估伤患。

我无法想到急救医护人员会采用这种方法的原因，除非想让患者家属对他提出人身侵犯的指控。医生正式宣布死亡之前，患者在法理上仍然活着，此举将构成侵犯人权。如果患者实际上仍然活着，肯定更是一种侵犯。

急救医护人员的责任是通过无线电，在基地站护理师的指导下，协助治疗、稳定病情，以及运送病人和伤患，而护士的责任是听从急诊室医生的指示。医生决不会允许通过测量肝脏温度来判断人的死活这种事情，因为这属于“验尸官的业务”，与医疗救护完全无关。

问题40：心理学家和精神科医生有什么差别？

精神科医生和心理学家所受的训练、专业能力有哪些差别呢？他们都能进行心理治疗和开药吗？

临床心理学家可能是硕士，也可能是博士，他们都不具有医学博士的文凭。他们可以进行辅导、咨询，提供各类心理治疗，但不能开药或监督医学治疗。

精神科医生是医学博士。他们毕业于医学院，需要完成住院医生实习，或许还参与精神病学研究计划。除了临床心理学家提供的服务之外，他们可以开处方，在医院治疗病患，并从事所有专业相关的医疗干预。

两者都能有效帮助有精神问题的患者，因为这通常取决于同情、理解和直觉判断，而非所受专业训练的程度。

第四章　药物和毒品

问题41：毒品怎样改变使用者的瞳孔大小？

我曾在书中看到，不同毒品能通过不同方式改变瞳孔大小。请问大麻、冰毒、海洛因和其他常见毒品对瞳孔的影响是什么？

瞳孔非常敏感，对于外部和内部刺激能够迅速做出反应。进入漆黑的房间，瞳孔会放大以聚集更多光线。走到阳光下，瞳孔会立即收缩，保护脆弱的视网膜不受光线的伤害。但有时候这个反应机制也会“受到欺骗”。我们都知道直视日食是非常危险的，然而由于月亮挡住了太阳，我们的眼睛也“受到了欺骗”，认为太阳比平时暗。日全食前后，从日冕与太阳边缘散射出的光线比看起来更强，直视可能会导致视网膜受损。

此外，由于神经和化学作用的联系，瞳孔和自律神经系统也是紧密相连的。自律神经系统包括交感神经（主管逃跑或战斗）和副交感神经（主管进食和睡眠）两个子系统。二者保持相互平衡。在人们情绪激动或生命受到威胁的情况下，会受到交感神经的控制，瞳孔放大、心率和血压上升、呼吸急促且体温飙升。这是由于肾上腺素大量释放，身体接收到了战斗或逃跑的信号。进食或休息时，身体运作则完全相反，瞳孔收缩、肾上腺素偏低、心率、血压和体温也相对较低。

在一些化学药品的作用下，人们可能会产生类似的反应。镇静剂像麻醉药通常有放松和麻痹神经的效果，会造成瞳孔收缩。海洛因、吗啡和巴比妥类药物也有类似效果。而“兴奋剂”或类似冰毒的化合物属于拟交感神经药物，因为它会模拟交感神经的功能，使瞳孔放大。可卡因、安非他命、结晶冰毒、摇头丸和许多减肥药都有这样的效果。大麻也会使瞳孔放大。

问题42：“约会强暴药物”有什么危害？

“约会强暴药物”的主要危害是什么？是不是在投药后立即饮用才会有效？比如，罪犯把一颗药扔进瓶装水里，过一会儿再把水瓶打开给别人喝，那还有效吗？受害者服药后还有意识吗？我知道药效结束后会出现失忆的现象，但药物作用下，受害者知道自己经历了什么吗？一个人摄入多少剂量会被迷晕？这种情况下可以给受害者做手术吗？

常见的“约会强暴药物”有罗氏生物医疗实验室制造的罗眠乐（Rohypnol，学名氟硝西泮）、摇头丸（Ecstasy，学名亚甲双氧甲基安非他命）、迷奸水（GHB，学名伽马羟基丁酸）和K他命（Ketamine，学名氯胺酮）。

锐舞派对上常会出现摇头丸、迷奸水和K他命，锐舞派对是指大批青少年和年轻群众聚集在一起通宵达旦地开派对。锐舞文化有其固有的音乐、衣着和毒品使用模式。有锐舞客说过，这些毒品能让锐舞体验更棒，和酒精一起服用的话效果会更好。

“约会”强暴或“熟人”强暴的时候，常使用罗眠乐、迷奸水和 K 他命这几种毒品。它们的药效强，能让人安静、顺从、判断力减弱，并且记不清药效发挥期间所发生的事情。正是由于这些药，约会强暴才屡屡得逞。在酒吧和派对上，给受害者喝下掺有少量迷奸水或罗眠乐的饮品，这个时候她可能看起来很正常，但由于失去了一定的判断力，而且特别兴奋，就会跟着下药者离开。事后她会觉得好像发生了什么，可是却记不清楚事发经过，甚至是完全想不起来。

在这类药物作用下，服用者的举止、言谈和外表都显得很正常。他们有可能看起来很开心、很兴奋、很愉快或是很安静，也有可能看起来像喝醉了酒。有些受害者“醉得很快”，很快说话就口齿不清了，必须由他人“送上床”，或送回家，要么就是被谋财害命。总之，他们不会做过多的抵抗，每个人药效发作的反应也各不相同。

下面我将逐一介绍这些药物。

罗眠乐是一种中枢神经抑制药物，和凡宁同属苯二氮卓类镇静剂，主要用来治疗失眠。罗眠乐是一种白色锭剂，大小一或两毫克，可磨碎溶解于任何液体中，在黑市中单价大约是 5 美元，服药 20~30 分钟后药效就会发作，两个小时内药效就能达到最强，药效可持续 8~10 个小时。

罗眠乐有镇静的作用，并伴随有意识模糊、极度兴奋、丧失自我、眩晕、视线模糊、行动与反应迟钝以及记忆缺失的症状。受害者的判断力会受到干扰，伴随着快感，记不清或根本记不住任何事情。几个小时后，受害者可能会突然“清醒”或“回到现实”，但记忆支离破碎，甚至是完全空白。极少数时候，罗眠乐还会让人产生愤怒情绪，且具攻击性。

1914年，摇头丸作为食欲抑制药物取得专利，但并没有上市。摇头丸目前多在地下实验室生产，制成药丸或胶囊的形状销售。摇头丸的速度感、迷幻效果与安非他命类似。服用者的知觉和同理感受增强、心情愉悦、精力提升，有时候，服用者的快感深入骨髓；有时候，恐惧的感觉也同样深刻，且十分不理性。摇头丸可能会导致的症状有血压上升、磨牙、出汗、恶心、焦虑或感到恐慌。以前曾发生过少数并发恶性高热致死的案例（用药者体温突然急剧升高至41、42摄氏度或以上，大脑如遭雷击）。

吸毒者遇到的一个问题是，虽然摇头丸和迷奸水是完全不同的化合物，但它们有时都被叫作“摇头丸”。因此买毒品的人经常不知道自己拿到的是什么。

迷奸水（又名液态摇头丸、 神仙水等）于20世纪60年代研发合成，以前被当作“天然的”食品补充药物和锻炼肌肉的药物来卖。迷奸水为白色粉末状，易溶于酒水及其他液体。它也有液态形式，无色无味。

迷奸水见效很快，但药效持续时间很短，只有1~2小时。

K他命是毒品界的生力军，制成白色粉末和药丸两种形式销售，可直接口服或以鼻吸食，以此被身体迅速吸收。大多数人都以鼻吸食。

K他命的效果类似于摇头丸，但它的分离作用会让服用者出现幻觉，忘记时间、忘记自我，常见症状为自我意识消失，用药者就像灵魂出窍一样，从高空凝视着自己，旁观自己做一些事情。吸食 PCP （苯环利定或天使粉）也会有这些症状。PCP 在 20 世纪七八十年代很常见。

用药者给这种感觉起了个名字，叫“进入 K 洞”。K 洞就好像爱丽丝的兔子洞，在 K 洞里，时间、空间和感觉都会扭曲变形。

别忘了，20 世纪四五十年代侦探小说与电影里也经常出现 Mickey Finn，也叫 Mickey，它是由酒精和水合氯醛糖浆制作而成的。

水合氯醛也是儿童镇静药物的一种，只需喝一口就能睡一夜好觉——孩子睡得好，父母也就能睡好了。

然而，一旦和酒精混在一起，水合氯醛就成了强效镇静药物。最早被制作成液体药物（现也制作成软胶囊），方便掺进酒里。它的气味和味道微弱，很容易被酒精和饮料的味道盖住。

另一种成人镇静药物，巴比妥类药物问世后，水合氯醛逐渐被取代，因为巴比妥类药物效果更佳，而且副作用较小。当然，巴比妥类药物也能和酒精混用，引发同样的效果，这个组合是常见的自杀手法。

接着来回答你的问题。

这些化合物很稳定，有可能被罪犯提前数小时或数日添加到水、果汁或酒精里。因为容易溶解，受害者通常很难发现他们的饮品被动了手脚。

就算药效起了作用，受害者也不太可能知道自己被下药了，而是感觉自己喝多了，他们可能会很兴奋，时而大笑，时而傻笑，会很容易被说服，也有可能变得嗜睡或精神萎靡。

根据你设计的情境，受害者可能会被迷晕，但外科手术的剧痛肯定会让受害者清醒过来。他的抵抗也许没什么用，也没法大吵大闹，可是也不会太配合。

只有K他命的药效和外科手术麻醉剂的药效相当，而且还必须是注射型的K他命。其他几种药物不太可能使受害者昏迷或彻底安静，除非使用能够致命的极大剂量。

问题43：处理氰化物危险吗？

如果处理氰化物时没有戴手套，但直接接触不多，会有事吗？

有没有事，显然取决于接触的形式、氰化物的浓度以及接触的位置。不过，氰化物毒性强烈、十分危险，可通过皮肤直接吸收，置人于死地。戴手套是一种解决办法。如果粉末飘散到空气中，被人吸入体内，将经由肺部迅速扩散到血液中，置人于死地。如果溶于液体之中，液体飞溅到皮肤上或眼睛里，只需少量即可置人于死地。即使医生就在旁边也没用，绝对不能碰。不过如果你打算在故事中杀掉某人，氰化物绝对是很合适的选择，但使用时必须非常小心。

问题 44：进食能帮助缓解醉酒吗？

我笔下的人物必须喝很多酒，同时又得将醉酒（酒精中毒）的程度降至最低。请问饮酒前能不能注射或服用什么物质，以降低酒精的影响？有个古老的说法是，多吃点面包就能“吸收”酒精，是真的吗？

酒精被吸收后会迅速进入血流中，一旦血液通过肝脏，肝脏便会提取血液里的酒精，并进行分解。而胃肠道的酒精吸收率和肝脏的酒精代谢率之间的动态平衡决定了血液里的酒精浓度。

面包无法“吸收”酒精，不过，胃里如果有食物（包括面包在内），都能减慢酒精进到血流的速度，从而降低血液酒精浓度。胃肠道的每个部分都会吸收酒精，不过酒精从小肠进到血流的速度比从胃进到血流快得多，特别是十二指肠（小肠最前端的部分）。高脂肪的食物和牛奶通常能减缓胃部排空的速度，这样酒精在胃里停留的时间会长一些，能够减缓酒精吸收。所以，喝酒前吃个起司汉堡或唱点奶昔也不错。但对你笔下的人物而言，尽可能少喝点、喝慢点，也许比较有帮助。

问题45：把海洛因装在保险套里吞进肚子走私有多危险？

在我的故事里，“骡子”主要负责走私，如果他吞下装满海洛因的保险套，请问多久后能排出体外？消化液侵蚀保险套而导致其渗漏的概率有多高？

一般来说，食物通过消化道（从嘴到肛门）需要24~72小时，时间很长。但实际上，每个人的消化时间都不太一样，同一个人每天所需的消化时间也不一样。除了受到身体状况的影响，也因年龄、最近吃的食物种类、潜在的肠道疾病、服用的药物以及摄取的水分等多种因素而有所不同，难以预测。

正常情况下，“骡子”可能会在1~3天内排出毒品，不过，如果有腹腔X光检测，保险套将无所遁形，只要海关或缉毒警察对某人起疑，他们很容易就能发现走私违禁品。然后他们就会给“骡子”服用泻药，加快毒品排泄出来的速度，很快就能拿到证据。

运毒者使用保险套或其他乳胶、橡胶类的容器，是因为人体不容易消化这些东西。然而，在胃肠道里的胃酸和消化酵素加上肠蠕动的作用下，保险套很可能受到侵蚀，进而渗漏或破裂。在这种情况下，运毒者体内将一次性吸收大量的可卡因、海洛因等毒品，导致迅速死亡。可卡因和冰毒，会引发癫痫、心律不齐、心脏病发，甚至死亡；海洛因则会使人血压急剧下降，出现呼吸抑制的症状直到呼吸终止，并且死亡。

问题 46：吸食鸦片的瘾君子会有暴力倾向吗？

我需要帮助。我笔下的一个人物发现了一封百年前的自杀遗书。写下遗书的人说，由于对鸦片上瘾，他的性格变得十分凶残，所以他决定自杀，不想继续做家人的负担。我所在的写作小组有一个疑问是，吸食鸦片的瘾君子会有暴力倾向吗？假设这个人在 19 世纪末对某种药物上瘾，性格也因此大变，除了鸦片，还可以选择哪些药物呢？

鸦片是取自鸦片罂粟的黏稠物质，属于一种中枢神经抑制药物。它是制作吗啡和海洛因的必需品，也是一种镇静药物。服药者会有精神萎靡、嗜睡、动作迟缓、抑郁等症状，服用过多还会导致昏迷并死亡。一般来说，吸食鸦片不太可能变得暴力或凶残，但自愿或被强迫（比如被送进牢里或没了货源）戒毒的瘾君子，可能变得易怒、具有攻击性，甚至有可能行凶。因此，从这种程度上说，鸦片也能实现你想要的效果。

还有一种可能：在你设计的情境里，“写下遗书的人”说过自己的行为出现了变化。但这是真的，还是他自己幻想的？还有没有其他证据？因为他是瘾君子，判断不一定对，也许他只是做噩梦或产生了幻觉，然后以为是真的，事实上他可能非常温和，而且吸食鸦片很容易有抑郁症状及自杀倾向。

你也可以选可卡因，19 世纪的时候可卡因就已在市面上流通了，使用该药物的人通常脾气暴躁，且有暴力倾向。如果长期使用还会引发妄想症，增强其暴力倾向。如果这和你的故事情节相符，可能是更好的选择。

当然，他也可以同时对这两种药物上瘾。早在19世纪，弗洛伊德等人就提倡过用可卡因治疗鸦片上瘾，认为可卡因可刺激瘾君子，对戒毒很有效。但人们接受此疗法之后，又开始对可卡因上瘾，后来人们就不再采用该疗法了。可以在这封自杀遗书（可能同时还发现了其他信件）中写他曾经寻求过治疗，却万分沮丧地发现“解药”成了毒药。

酒精也是一个不错的选择。很常见，也容易弄到，而且对酒精上瘾的人通常都很有攻击性、性格暴躁，甚至有杀人及自杀的可能。

对鸦片、可卡因和酒精上瘾的人常会有自杀的行为，也常会有人因服用过量药物或混用药物（如鸦片与酒精）而意外死亡。还有一种不错的剧情转折，即找到遗书的人后来又发现，还有证据证明写下遗书的人并不是真的想结束自己的生命，只是“做做样子”，或是“向别人求助”，但却做过头了。多数情况下，瘾君子不知道怎样求助，一百年前的瘾君子更不知道，他们总以为轻生就能让人们关注他们。

问题47：利他林对治疗注意力缺失症有帮助吗？会不会有滥用的可能？

我的故事里有个12岁的小男孩儿患有注意力缺失症，因而需要服用利他林。请问一般一次服用多少，疗效怎样，有副作用吗？另外，我了解到，这种药物经常被滥用。请问怎样滥用？谁会滥用？

注意力缺失症（ADD）很常见，又叫作儿童多动症，也叫轻微脑机能障碍。典型症状有注意力短暂、容易分心、冲动以及多动等。学习能力也有可能因此减弱。注意力缺失症不易确诊，主要看患者是否同时拥有上述多个症状，但脑电图、核磁共振成像和脑部断层扫描（CT）等神经检验报告结果都不会有什么问题。

对于许多注意力缺失症的患者来说，利他林（学名：哌醋甲酯）是非常有帮助的。它是口服药，每天早餐和午餐前各吃一次。一开始每天要吃两次，每次 5 毫克，然后每周增加 5~10 毫克，直到达成想要的效果。每日的剂量最多不可超过 60 毫克。利他林是一种小圆片剂，有 5 毫克（黄色）、10 毫克（浅绿色）、20 毫克（浅黄色）几种；而利他林 SR（白色）是缓释片，剂量为 20 毫克，只需每日早上服用一次即可。

利他林可减轻或消除注意力缺失症的症状，但也许会有副作用，比如起疹子、食欲不振、恶心头痛、困倦、血压和脉搏速率提高或降低、心悸，甚至引发中毒性精神病、产生妄想和幻觉。利他林经常被滥用。如果磨成粉末以鼻吸食，产生的快感类似可卡因或冰毒的效果。美国很多小学规定，学生在校期间所服用的药物，必须由学校医务室的医生发放。有些校园恶霸了解到这样的规定后，就观察哪些学生每天早上去医务室领药，然后强迫他们把药交出来，再把抢来的药物转卖给别人，或是自己使用，类似于小学生黑手党。高中和大学校园里常有利他林的身影，总是有不道德的医生或药剂师会配这种药物。利他林这种处方药在美国市面上泛滥成灾，就像过去的烦宁，往往不是提供给真正需要的患者。由于供应源稳定且市场需求持续增长，滥用问题越来越严重。

问题48：什么是晕船病？

我的小说时代背景是维多利亚时代的波士顿。有一个中年妇女的角色，在故事中她必须坐船去英格兰，但她每次坐船都晕船很严重。请问她的医生能用什么方法帮她熬过这趟路途呢？

当时治疗晕船的方法也很多，可是效果都不太好。原因之一是当时的人对晕船的原因了解得非常少。曾有这样一个普遍流传的理论说，晕船是由于血液流向大脑的过程不顺畅，导致大脑缺血，产生恶心、呕吐和晕眩等晕动症的症状。

目前我们知道，晕船、动晕症和太空动晕（由于失重）是因为内耳前庭系统（掌管平衡）接收到的信号混乱。这个系统十分精密，其中半规管（维持姿势和平衡的内耳感受装置）负责感应定位和运动。前庭系统由三个中空的回路组成，每个半规管都和另外两个呈90度角相交，就像几何图形的XYZ面。一个半规管由前至后绕一圈，一个由左至右绕一圈，一个由上至下绕一圈。半规管里全是液体，在地心引力的作用下，大脑就会知道自己是正立还是倒立，或者是在转圈。

在失重的环境下，因缺少重力，这些信号会受到干扰，连带管内液体也会失重，因此无法向大脑传递任何信号。然而，大脑需要这些信号才能定向。信号受到干扰，就会出现眩晕和动晕症的症状。在移动的汽车和船只上，管内液体来回晃动，大脑接收到的信号就会十分混乱，因此也会出现相同的症状。

1901年3月16日，《美国医学会杂志》刊登了一份丹尼尔·R. 布洛尔医生撰写的报告，他提出了以下治疗方案：旅行前，应“避免过度劳累和焦虑”，少吃东西，然后可使用全剂量的汞块，并在适当时间使用泻盐进行导泻（他并没有对“全剂量”和“适当时间”做相关解释）。净肠完成之后，他建议在水中加入溴化钾和薄荷或薄荷油，每样各一勺，每天喝三次，直到登船。上船后，“到甲板上走走，看看是不是还晕船”。如果仍然有晕船的感觉，就“尽可能留在甲板上”，这可能是最好的建议了。

但你笔下的女士也不用太害怕，晕船症通常几天后就会得到缓解。不过在她上岸后，半规管内的液体不再晃动，又有可能会出现“晕陆”的症状。因为半规管才开始习惯不稳定的信号，一切又回归“正常”，导致系统再次紊乱。

第五章　疾病及其治疗

问题 49：如果一个人对蜂蜇过敏，他的生活会受到什么影响？

我笔下的一个人物对蜂蜇过敏很严重，请问在日常生活中他需要注意什么？戴医疗警报手环有用吗？还是在冰箱里备好解毒药品？蜜蜂会不会特别容易被她吸引，她需要喷防虫剂吗？

不同的人对于蜂蜇的反应各不相同。对于不会过敏的人来说，蜇伤的地方局部会有肿胀的现象，并伴有烧灼感，但几天后就会消失；而对于会过敏的人来说，肿胀将更加严重，并感到更加疼痛，整条腿或手臂都可能会出现过敏反应，蜇伤的地方会肿得像香肠一样，又疼又痒。还有更严重的过敏反应，比如支气管痉挛（缩小）造成的呼吸困难，就像严重哮喘发作一样，如果不及时治疗，患者可能因此丧命。最糟糕的是全身过敏性反应，在这种情况下，蜇伤的地方不仅会肿胀，患者还会有支气管痉挛、心血管虚脱、血压超低等症状，最终导致休克和死亡。

我们可以买到蜂蜇医疗包，里面装着一只肾上腺素注射器，对过敏反应疗效十分明显。之后，可将患者送往急诊室做进一步的治疗，例如注射更多肾上腺素，如果有需要的话，还需使用抗组织胺药物（如苯海拉明）和类固醇。

医疗包最好放在手提包或口袋里，因为一旦需要使用，必定刻不容缓。因此过敏者最好随身携带，就像心脏病患者应该随身携带硝化甘油一样。

这不会影响过敏者的正常生活，但他们最好躲着点蜜蜂，在公园里散步时必须提高警惕，但也不至于太过危险。喷防虫剂应该很有用。据说某些香水、肥皂、体香剂或“好闻的”产品可能会吸引蜜蜂，不过未有定论。

目前没有证据显示过敏者更容易吸引蜜蜂。衣服颜色可能是个问题，但没有明确的规则。很多人认为鲜艳的颜色（红色和黄色）会吸引蜜蜂，不过我最近读到一篇研究报告，里面提到黑色和其他暗色系也会吸引蜜蜂。

问题 50：如果一个人同时患有心脏病和心绞痛，会影响他的哪些行动？

我笔下的主人翁是个 67 岁的男性，他患有心脏病。为了抑制频繁发作的轻微心脏病，他随身带着硝化甘油。某天，在他举办的晚宴上，一名男子不幸猝死，致使他的心脏病再次发作，他服了一粒药后就睡了。我设计让他第二天早上恢复正常可以吗？

你的提问中有常见的术语错误。不过不用太在意，这个错误很常见，书本和杂志编辑、病人、电视播报员都和你犯过相同的错误。

冠状动脉盘绕在心脏表面，将血液提供给心肌，如果部分心肌因其中一条冠状动脉彻底堵塞而死亡，就会导致“心脏病发作”（心肌梗死）。这种情况可能会危及生命，需立即送医治疗。有些人是无痛性心肌梗死，有些人在心肌梗死发作时会感到细微且短暂的疼痛，就像你描述的那样。但是，多数心肌梗死发作时都伴随着剧痛，并会持续数小时，直到患者接受治疗。虽然有些人心脏病发作后仍可继续做其他事，但这并不常见。

你在提问中讲到的是心绞痛（也称狭心症），原因是冠状动脉部分堵塞，导致心肌血液供应不足，因而感到疼痛。心绞痛不会导致心肌受损或坏死。

如你所说，患者服用的药物是硝化甘油。将药片含在舌头下面（不可吞咽），药片会迅速溶解，并通过口腔黏膜直接进入血液。硝化甘油能扩张冠状动脉，增加心肌的血液与氧气供应，降低血压，减轻心脏将血液送往全身的工作量。心脏的工作量和血压高低有关，类似于举重，血压越高，心脏就“越辛苦”。硝化甘油的作用是增加心肌血液供应，同时减轻消耗，因此能舒缓心脏的疼痛。

典型心绞痛的症状是胸部中央感觉十分沉重，且有压迫感，有时甚至左手臂或下巴也会感觉不适。其他相关症状还有呼吸困难、盗汗、感觉又冷又黏腻、恶心无力，以及轻微晕眩。心绞痛发作时症状十分明显，患者大多神色惊恐、满头大汗、脸色苍白。

如果不接受治疗，心绞痛发作时间一般为 1~5 分钟。服用硝化甘油后，能在 1~2 分钟内稍有缓解。之后，患者会感到疲惫不堪，但 5~10 分钟就会恢复如常，并能正常行动。

显然，心绞痛患者也伴有心肌梗死发作的危险，因为每次心绞痛发作都可能演变为严重的心肌梗死。这个时候，患者应立即服用硝化甘油，帮助减少发作的次数，因此医生通常要求患者随身带着药。不是让患者放在抽屉或药柜里，而是放在口袋或皮包里，方便第一时间取用。

冠状动脉疾病（CAD）加上心绞痛应该符合你笔下人物的设定。你可以这样设计情节：他每次有生理或情绪压力时，心绞痛就会发作，也能为故事情节增加更多可能性。爬坡、吵架、打架、感人的重逢或悲伤的分离，或者像你说的亲人好友去世，都可能成为导火索。他可能心绞痛发作，但由于没有随身携带硝化甘油，必须“忍过去”。这种经历十分可怕，因此事后他可能会觉得自己没随身带着药非常愚蠢。

问题 51：疟疾有哪些类型？

我笔下的故事发生在 19 世纪晚期，地点是路易斯安那州，故事中的主人翁染上了疟疾。疟疾的类型多种多样，我想让该主人翁患上难以痊愈的那种，甚至还会缓慢恶化（贫血、越发虚弱、最终死亡）的那种。请问哪一种类型的疟疾符合上述症状。另外，寒战症状一定会出现在发烧之前吗？如果该主人翁服用了稀释的奎宁，是否能有效地抑制以上这些症状，寒战和发烧能否有所减轻？我还听过一种退烧药名叫兰草，这种药对治疗疟疾有效果吗？

从古至今，疟疾一直是全世界的主要死因之一，每年至少有 3 亿人会感染疟疾，每天有多达 3000 人死于疟疾。尽管如今疟疾这种病在美国已经相当罕见，但是在 19 世纪路易斯安那州的沼泽地区，这种病非常普遍。

疟疾是一种原生生物疾病，原生生物是动物世界中最底层的微小单细胞有机体。疟原虫的原生生物是导致疟疾的主要原因，它共有 4 个类型：间日疟原虫、恶性疟原虫、三日疟原虫以及卵形疟原虫。在美国东南部和南美洲，最常见的类型应该是间日疟原虫。间日疟原虫的致命性最高，治疗后仍存在 20% 左右的死亡率。根据你创设出来的情境，间日疟原虫是最佳选择。

疟疾的生命周期和感染周期十分复杂，而且疟疾的每个品种各不相同，接下来让我们对间日疟原虫做简要的说明。

和许多疾病一样，疟疾是经由“病媒”或带原者传染给人们的。疟疾的病媒是疟蚊，这些蚊子叮咬感染者后，疟疾有机体会随着蚊子所吸的血进入蚊子体内。接着，疟原虫会迅速繁殖并迅速聚集在蚊子的唾液里，一旦蚊子叮咬人类，这些“虫虫”就被注入人的血液之中，在这之后会有两个发展周期。

第一个周期叫作肝脏周期，第二个周期叫作红细胞周期。在肝脏周期，被注入血液的疟原虫抵达肝脏之后，会在肝脏细胞里繁殖。这个时候称为潜伏期，患者通常不会出现任何症状；一般持续 8 天左右，但也有可能持续潜伏在肝脏细胞里达数月甚至数年之久。无论怎样，疟原虫会繁殖并破坏肝脏细胞，然后重新回到血液之中，各种症状也会在这个阶段开始出现。

接着，疟原虫会进入红细胞，开启我们所说的红细胞周期。它们在红细胞内不停繁殖，直到完全破坏这些细胞，然后它们再次回到血液之中，去感染更多的红细胞。如此以往，间日疟原虫的红细胞周期会以 48 小时为一个循环周期，感染初期的周期也许会不太稳定，最终，这些周期都会遵照相同的时刻表。

有趣的一点是，镰刀形贫血症的患者通常不会感染疟疾，可能是因为这些寄生虫无法在镰刀形细胞内繁殖。疟疾这种病在非洲许多地区十分常见，而多数患镰刀型贫血症的患者是非裔人种，这可能就是为了生存而发展出的突变吧。

疟疾初期症状就像流行性感冒：会出现发烧、畏寒、打战、不适、头痛、肌肉酸痛且僵硬、食欲不振、恶心及呕吐等症状，随着红细胞被破坏，大量带病体释放到血液里，发烧、畏寒、打战的典型周期会在 48 小时左右循环一次。红细胞会持续以这种方式被不断削减，从而导致患者贫血，部分患者看起来像得了黄疸，皮肤泛黄。再过一段时间后，肝脏和肾脏功能也会衰竭，最终导致死亡。

奎宁主要成分是金鸡纳树的树皮，最初在秘鲁地区被发现。在 1712 年，人们已学会将金鸡纳树皮磨成粉末状，治疗间歇热。1820 年，两名法国化学家皮埃尔·佩尔蒂埃和约瑟夫·卡旺图从树皮中萃取出奎宁，制作成奎宁硫酸盐粉末，这种粉末比树皮治疗热病更有效。

在 19 世纪，奎宁是治疗疟疾的主要药物。人们常说良药苦口，奎宁尝起来有苦味，会使人恶心、呕吐、腹泻、起疹子、耳鸣甚至听不见高音频的声音。服用你建议的稀释剂量，给患者带来的副作用会比较小，仅能稍微减弱这些症状。一旦没有接受全面且积极的治疗，疟疾就难以痊愈，会折磨人们一生。非洲和南美洲有数百万人就饱受这种折磨。许多人最终死于贫血、肝脏或肾脏衰竭，或其他感染如肺炎——疟疾患者出现其他感染的概率高于正常值。

兰草（学名：Eupatorium perfoliatum）也叫退热根、龙胆草，一种开花植物，干燥后可以做成带苦味的茶，服用之后能使人潮红、流汗，可以用于治疗热病，同时也有通便的效果。早期，北美印第安部落常常使用兰草，后来欧洲人向他们学习。据我所知，兰草其实并不能治疗疟疾。无论过去或现在，民俗疗法之所以选择使用兰草，是因为兰草能使人出汗，从而让人觉得对人体有益。

问题52：加勒比海地区有哪些怪异的流行疾病？

我书中女主角的女儿去了一趟加勒比海之后，回家就重病不起，必须送医治疗，严重的“旅行者腹泻”和肺炎是我猜想她可能患上的疾病，但我想要了解一些更怪异的，请问有什么建议吗？

血吸虫病，这个病对你来说够不够怪呢？

它经由血吸虫感染，全世界出现过许多不同的种类，加勒比海地区最为常见的类型就是曼氏血吸虫，这种病流行于加勒比海许多地区，患者在含有该寄生虫的水中游泳或浸泡而感染。任何淡水池塘或溪流，都可能有曼森血吸虫的踪迹。

这种寄生虫的生命周期不仅复杂而且还十分有趣。

血吸虫需要两个宿主（人类和蜗牛）合作，才能蜕变成各种各样的独特形态。它具有传染性的形态，被人们称为尾蚴，是一种尾部分叉的蠕虫状有机体，常常从接触污染水源的完好皮肤进到人体之中，侵入人体后，它会变形为童虫，再经由血液到达肺脏，然后到肝门静脉，并在这里蜕变为成虫。公母血吸虫结成对后，会移行到肠膜，并在此安家落户，进行交配产卵。虫卵不是停留在肠组织就是被送回肝脏。无论怎样，最终会排出人体，一旦接触到水，它们就会孵化成纤毛蚴，这是一种在水里悠游的形态，以纤毛（外部的毛发状结构，用来划水）移动。纤毛接着侵入特定种类的蜗牛体内，发展成尾虫之后，再次进入水里，循环往复。

血吸虫从侵入人体到成熟阶段需要 4 周或者 5 周的时间。在这段时间内，患者一般情况下不会出现任何明显症状，感染后一天左右，可能会感觉到身体开始轻微瘙痒。各种明显的症状往往从产卵阶段才开始出现，最常见的症状包括发烧、寒战、头痛、荨麻疹或血管性水肿（手、脚和脸部浮肿，特别是嘴唇和眼睛）、咳嗽、体重减轻、疲劳、腹痛和腹泻，偶尔会出现便血。

此病难以诊断，人们一般不会马上想到血吸虫病，所以这种病常常被当成伤寒、阿米巴痢疾或其他会引起腹泻或持续发热的疾病来治疗。直到身体检查结果显示白细胞数增加，特别是嗜酸性粒细胞占所有白细胞总量的 50% 以上（正常值为 3%~5%），以及在粪便采样或直肠组织切片中找到虫卵，或是免疫荧光试验呈阳性之后，才能确诊该种疾病为血吸虫病。

这种病一旦确诊，治疗的部分就相对比较简单，每千克体重摄入 15 毫克的奥沙尼喹以及 3 份 20 毫克的吡喹酮，两者的服用时间需要间隔 6 小时左右，如果女主角的女儿体重约 55 千克，她需要先摄入 825 毫克的奥沙尼喹，在 6 小时后，再摄入 3 剂各 1200 毫克的吡喹酮即可。

在你的故事里，可以让这名年轻患者到水里游泳，靠近一处浪漫的瀑布或者是有树荫遮蔽的溪流，她会开心而归，这时感觉十分正常，但是在6周后，她的身体就会出现流感的一系列症状，比如发烧、寒战、咳嗽及轻微腹泻等，医生会让她服用阿司匹林，给她打点滴，让她回家多喝鸡汤。但是她的病情却日益恶化，持续发烧与寒战，变得消瘦，出现出血性腹泻。接着，她将住院治疗，检查是否患有肝炎、阿米巴痢疾或伤寒等疾病。然后进行验血、钡剂灌肠和血液培养，但这些往往都看不出蛛丝马迹，除了白细胞和嗜酸性粒细胞的数量增加之外，她的肝脏和肾脏指数也正常。最终，医生会在检查有无阿米巴原虫的粪便采样中找到血吸虫虫卵，从而将血液样本送去做免疫荧光试验，她住院时俊俏的年轻医生将为她做出诊断，给她治疗。治疗之后，她就能正常生活，就像什么也没有发生。

问题53：脊髓性肌肉萎缩症有哪些症状和征兆？

我笔下一个重要人物患上了脊髓性肌肉萎缩症，我把故事背景设定在14世纪的布列塔尼和法国，之所以选择这个疾病，是因为希望这个人物日渐消瘦，可是我又不希望他患的病具传染性，为了让众人不知所措，他的病要比较罕见。

他和女主角相遇在20多岁，他的双腿已萎缩，知道自己将像哥哥一样不久于人世，不过，随着疾病恶化的情况暂时减缓，他开始期待自己能多活几年。

我参加的写作评论小组组员都想知道更多关于这种疾病的症状，虽然我已经提到随着病情恶化，他日渐消瘦，瘫痪蔓延至他的上半身使他羸弱无力，这个过程也让他痛苦不堪。请问我设想的这种情景真实吗？有没有关于这种罕见疾病的资料可以作为进一步的补充？

是真实的，你设想的情境完全没问题，你显然认真做过调查。

脊髓性肌肉萎缩症至少可以分为三种类型。

第一种，婴儿型脊髓性肌肉萎缩症，或称沃德尼克－霍夫曼综合征。患者常常一出生就患有此疾病，病程发展快，患者寿命短，婴儿四肢无力，反射作用不良，不到 1 岁就会死亡，这显然和你的故事剧情不符。

第二种，中间型脊髓性肌肉萎缩症。患者出生之后一段时间才会发病，病程发展比较缓慢。

第三种，青少年型脊髓性肌肉萎缩症或称为库格柏－韦兰德症。患者往往在幼年晚期之后发病，病程较长，这种情况最适合你设想的情境。

这些都属于“下运动神经元疾病”，受影响的部分常常是脊髓（下方）的神经元神经细胞，而非大脑（上方）的神经元，相较于知觉（感觉神经元），运动神经元常常掌管人的各种动作。同种类型的疾病还包括肌肉萎缩性脊髓侧索硬化症、格里格氏症（即俗称的“渐冻人”）。杰出的理论物理学家斯蒂芬·霍金就患有肌肉萎缩性脊髓侧索硬化症。

脊髓性肌肉萎缩症也是一种遗传性疾病，男主角的哥哥死于相同疾病完全吻合这种病理特征，既然他知道患病的后续发展，男主角自然会十分恐惧。由于 14 世纪的人对这种疾病一无所知，所以这种病没有专属的病名。患病者往往被视为罪恶之人，或遭邪灵附身，会给他人带来危害。要知道，当时宗教对人的影响可远远大于科学。

根据你对男主角的描述，这类患者的运动神经刺激已经丧失，伴随渐进式的肌肉萎缩，他们的肩关节和臀部较大的、近端的肌肉萎缩较为明显，大腿、上臂和肩关节将越来越无力，整个人也会越来越瘦弱。

一般情况下，这类病症不会引起剧烈疼痛，因为它影响的是人们的运动神经元而不是感觉神经元。

患者的症状单纯是渐进式的力气和肌肉丧失，从较大的肌肉到较小的肌肉群。患者会越来越无力，手部动作协调性和做出细微动作的能力将不断恶化，写字、画画甚至是玩玩具都会受到影响，患者使用餐具或其他工具也会变得十分笨拙，他走路时为了保持平衡两脚会越来越开，而且常常拖着脚，三五步就会被绊倒或跌倒，站立、走路、从椅子上起立的动作都会变得极为困难，最终，患者只能坐轮椅或卧床，依赖他人来吃饭、洗澡、穿衣服等。经历所有这些，他的智力却不会受到丝毫影响，因为这种疾病并不会影响人类大脑的运转，患者可能会变得抑郁、阴沉、愤怒甚至产生自杀的念头。

问题 54：青少年最容易感染哪一种细菌性脑膜炎？

我想问个罕见的问题，我在写一个以个人成长背景为蓝本的小说。12 岁参加夏令营期间，我生了场大病，住院几个星期，差点儿死掉，我不太记得这段经历，长大后才知道我当时得的是细菌性脑膜炎，而且营地里不少孩子也得了与我相同的病，我想把这种病写进故事里，能否听听你对这种疾病发生原因的看法呢？

脑膜炎是指脑膜发炎。脑膜是覆盖大脑和脊髓的薄膜，对 11 岁的孩子来说，最常见的是病毒性脑膜炎（由许多不同种类的病毒所致）或是细菌性脑膜炎（由流感嗜血杆菌或脑膜炎双球菌所致，两者皆为细菌）。根据你前面的描述，你患病最有可能的原因是由脑膜炎双球菌造成的流行性脑脊髓膜炎。

流行性脑脊髓膜炎的患者常常是 3 岁以下儿童或者是 14~20 岁的青少年。夏令营军事基地和学校这些地方都属于人群十分密闭的社群，是四面八方的人聚集之处，疾病在这里最容易传播蔓延，让我们来详细分析一下其中的原因。

脑膜炎双球菌有很多菌种，每个人的鼻咽（鼻子和咽喉）都会携带数不清的细菌。每天朝夕相处，我们会对这些细菌免疫，住在相同地理区域的人对彼此身上带的细菌免疫也是同样的道理。一旦我们到国内的其他一些地区，我们接触到携带着不同菌种的人（或者国内其他地区的人携带不同菌种到我们这里来），因为我们没有定期和这些菌种接触，因此我们的体内尚未形成抗体，于是产生感染“外来”细菌的风险。

病毒更是如此，你是否常在度假或旅行回家后就患上流感或感冒，当你搭飞机到外地或其他国家游玩的时候，常常会接触到不属于我们日常生活环境里的病毒，由于对这些病毒的免疫力薄弱或是根本没有抵抗力，所以我们就生病了。

脑膜炎双球菌是我们咽喉中常见的细菌，当来自不同地方的人们齐聚一堂，比如夏令营或军事基地，有些人可能带来毒性特别强的菌种，然而并不是所有人都对它具有免疫力，也就是说，带菌者本身免疫，团体中其他成员却不然，这种细菌可以借由直接接触（分享食物、饮料或接吻），或经由咳嗽、打喷嚏散布到空气中，从而传染给他人。没有免疫力的人首先会出现喉咙感染，当细菌从咽喉进入血液，蔓延至大脑，就会引发脑膜炎。随着细菌在人与人之间传播，流行性脑脊髓膜炎就会暴发。你和你的朋友们应该就是以这种方式染病的。

这种病的潜伏期只有短短的24个小时，散播十分迅速，第一个人发病时，很多人早已遭殃，不久后就会纷纷出现各种症状。主要症状包括发烧、畏寒、喉咙痛、严重头痛、颈部僵硬、畏光、全身酸痛以及恶心。由于大脑感染，所以患者可能会出现无精打采、定向力丧失、意识混乱甚至陷入昏迷等症状，这或许能解释你为什么不太记得事情的经过。

这个疾病有不少严重甚至可能致命的并发症，比如大脑或脊髓脓肿、肺炎、脑膜炎球菌性关节炎、心内膜炎（心脏瓣膜感染）以及脑膜炎双球菌血症（可能迅速致命的严重血液感染），这些都不算罕见。

该细菌对盘尼西林没有抵抗力，所以只要接受高剂量的盘尼西林静脉输注治疗，大多数患者都能完全康复。

问题 55：电疗法对治疗重度抑郁症有效吗？

我想知道关于抑郁症电疗的知识，我笔下有个人物患有重度抑郁症，他已经试遍各种抗抑郁药物，请问现在还有人进行电疗吗？电疗的原理是什么？有效吗？它有哪些并发症？

临床抑郁症是一种十分常见且值得关注的健康问题，患者会对人生失去一切希望，悲伤、孤独、看不到未来、不想要任何陪伴、躲避社交、哭泣而且通常无法好好照顾自己。在临床严重的病例中，出现过患者衣物肮脏、不洗澡、营养不良，有时甚至不吃饭，因为疏于自我照顾而导致健康走下坡，严重抑郁症患者的死亡率达15%，并且他们中的绝大多数死于自杀。

电痉挛疗法（ECT）兴起于 20 世纪 30 年代，多年来研究者利用许多方法诱发此疗法不可或缺的抽搐。起初通过各式药物，后来使用胰岛素，把血糖降低到癫痫发作的程度。最终，人们采用将电传递至大脑的方式。

电击作用的机制与益处仍有待探索，这种疗法指的是电击诱发全身性癫痫之际，在大脑四处流窜的紊乱电活动，莫名地改变了大脑的“情绪中枢”，没人知道确切原因，人们只知道这种疗法效果不错。

早年的电痉挛疗法不会给患者打麻醉剂，癫痫发作时，接受电疗者有些会严重咬伤自己的舌头，呕吐且吸入呕吐物，甚至会因为自己抽搐太过剧烈而四肢骨折，我描述得很有画面感吧？

1975 年，电影《飞越疯人院》上映，这部影片以负面方式给观众呈现了电痉挛疗法，把它描述成惩罚性的一场闹剧，而不是一种积极有效的治疗方法。如今，电痉挛疗法很有可能会东山再起，因为它的疗效是显著的。对重度抑郁症患者而言，它是安全而且有效的治疗方式，反应率达80%~90%。尤其对于那些接受药物治疗却没有明显进展的患者，就像是你笔下的人物，成效达50%~60%。但如同所有疗法，接受电痉挛疗法后仍有可能复发。

如今的电痉挛疗法在程序上已经不像过去那么野蛮，患者躺在担架上接受静脉输注，心脏监测器的电极置于胸口，电极片则贴在头部两侧，同时以急救清醒球罩住口鼻，以便在治疗过程中给病患供氧，直到麻醉和肌肉麻痹的药效退去。

注射短效全身麻醉剂和肌肉松弛剂在于防止癫痫发作，从而避免过去咬伤舌头或骨折的情况。短效麻醉剂常用得普利麻（学名：异泊酚）25~50毫克，以静脉滴注，必要时再施打一剂，或者速眠安（学名：咪达唑仑）2~5毫克，以静脉滴注，必要时再施打一剂。以上两种都属于极短效的药物，立即见效，药效快速消退。肌肉松弛药物则包括万可松（学名：维库溴铵），依体重每千克0.10毫克，以静脉滴注；或者巴夫龙（学名：泮库溴铵）1~4毫克，以静脉滴注。两者的作用都很快速，可是需要追加剂量，20~30分钟药效就会退去。

采用电痉挛疗法的医生会特别关注患者的心率和呼吸畅通，避免抽吸或心律不齐从而引发各种并发症。电流传导到大脑，诱发癫痫活动，但由于患者已被麻醉且麻痹，所以不会出现强直阵击型抽搐，也就是全身性癫痫发作的情况。

对于重度抑郁症患者而言，一周需要接受三次治疗，为期2~4周，或直到出现预期效果；长期副作用微乎其微，短期副作用则可能出现认知功能（思考和解决问题）持续数天或数周的迟钝，此外，对于病患而言，失忆、逆行性失忆（进行电痉挛疗法之前的事情）和顺行性失忆（刚完成电痉挛治疗法之后的一段时间）皆有可能发生。无论怎样，记忆力通常在几天或几周后就可以恢复正常。

除了成效良好，这种疗法也没有许多精神科药物造成的长期问题。治疗抑郁症的药物往往有严重副作用，还可能和其他药物以及特定食物产生交互作用。

问题 56：流产有哪些症状？

我正在琢磨故事中的一幕场景，背景设定在 20 世纪早期，我笔下的一名女性人物生病，可能流产，能否请你大致说明流产的感受，是否剧烈抽筋？是否会出血？还有哪些征兆？

胎儿死亡后子宫会将之排出体外，这个过程称为流产。造成流产的原因多种多样，胎儿可能有先天基因缺陷，自受孕期便注定不可能活着出世，也可能因为胎盘不正或者功能不全，导致胎儿死亡，或者子宫在过去的感染或创伤后留下了伤疤，比如做过刮宫手术或曾经堕胎，而无法支持胎儿正常生长。又或者，健康的胎儿因外力或感染而受创伤或死亡。在好莱坞，最常见的剧情就是女性跌下楼或被人推下楼，甚至从马背上摔落造成各种类型的腹部伤害，这些皆可能伤害或杀死胎儿，造成流产。

流产前的症状包括下腹隐约或阵阵痉挛、出汗、恶心、眩晕以及阴道出血，出血可能突然且大量，或者微乎其微且断断续续（一般正常的孕期也可能出现相同情况）的出血。最后，孕妇将出现各种类似破水的明显征兆，但以上症状的前提是怀孕时间够久，已产生可观数量的羊水，接着，胎儿和胎盘组织会通过阴道排出。如果孕期不长且仅仅数周，这些组织将不成形且不规则，比较像一个大型的血块；如果怀孕两个月以上，排出的将是具有形状的胎儿。

流产可能会发生得很突然，也可能时断时续，拖延几周才结束，这是很多因素共同决定的。就比如说，你笔下的这位女性角色，可能在一两个小时内经历剧烈下腹疼痛、恶心、出汗、无力，最终将血液与组织排出体外。毫无疑问，在这个过程中她会感到万分的恐惧和焦虑，流产是很痛苦的，而且具有潜在的致命危险，她也可能在数天或数周内多次经历轻微痉挛，或许还会再出现一些“血点”（阴道少量出血），在这之后，痉挛会越来越强烈，最终导致明显出血并排出组织。

流产后，她的出血量可多可少，有些人会因为出血过多致死，有些人会并发子宫内感染、高烧、寒战不止等症状，而且不一定会痊愈。

一个世纪以前，人们对于流产几乎可以说是无计可施，能不能存活只能看流产的严重程度、失血量、感染与否，甚至在感染之后也无法治疗，还得靠一些运气决定个人生死。孕妇往往会被安顿在床上，由照顾者端茶送水，并用沾湿的海绵缓解高烧症状，她的家人全部到场，牧师也会到场，医生也会出现，不过他们能提供的帮助其实是极其有限的。

问题 57：怀孕期间，哪些并发症会使孕妇必须住院治疗或卧床休息？

我笔下的故事里，女主角是一位未婚怀孕的 16 岁少女，她怀孕的不适症状包括恶心、体重下降和抑郁等。为了剧情需要，我想让她在怀孕最后几周卧床，我知道在某些情况下，医生会建议孕妇卧床休息，请问比较常见的情况有哪些？

怀孕最后几周要求孕妇卧床的四大原因分别是早产、早期破水、先兆子痫和围产期心肌病变。接下来我将一一为你做出简要介绍。

早产是指子宫在预产期前几周或几个月开始收缩，如果子宫持续收缩，那就很可能演变成早产，影响胎儿存活的机会。一般而言，早产收缩是指轻微且间歇的下腹不适，未来几天频率和强度提高。准妈妈起初可能会无视这些症状，如果这些症状持续恶化，她就会寻求医生的帮助，否则可能会继续出血或有“血点”。

针对早产的情况，医生会要求孕妇卧床休息，但她可以下床上厕所、洗澡和吃饭，主要是要求她将活动量降至最低，如果采取这样的保守措施没有能够停止收缩，那么这名孕妇就必须住院治疗，接受硫酸镁注射与滴注以期停止子宫收缩，如果这样还不见效，那她就必须进行分娩或剖宫产。

早期破水是在预产期前几周或几个月“破水”，这种情况比早产严重，因为羊膜一旦破裂，会造成羊水流失，胎儿赖以为生的环境就被破坏了，随之而来的往往会是全面阵痛，并开始分娩。如果没有分娩，孕妇很可能会子宫感染。在适当治疗及幸运之神的眷顾下，少数案例中孕妇的羊膜会愈合，羊水会重新形成，孕期可以持续到原定时程。

孕妇如果早期破水，那就必须马上送医，住院观察是否有感染迹象（包括发烧、畏寒、阴道分泌物）或胎儿窘迫（胎儿心率增减或胎动异常）。医生会要求她多卧床休息，而且很可能会给孕妇注射抗生素。如果她已怀孕28~36周，医生会让她通过卧床休息，努力撑到预产期。如果她怀孕已经超过36周，医生大多数会选择催产。无论怎样，只要有感染或胎儿窘迫的迹象，孕妇将迅速进入分娩或剖宫产手术。

先兆子痫是一个常见病症，但人们对其知之甚少。据估计，全世界每年约有超过5万名妇女死于此症。起因是母亲和胎儿之间的复杂交互影响，可能和免疫系统有关，此症较常发生在初次怀孕和患有糖尿病的孕妇身上，如果父母中有一人在母亲肚子里也曾引发先兆子痫，则可能提高发病的概率，奇怪的是，此症不常见于吸烟的女性身上。

先兆子痫的症状和征兆，包括血压上升，脚踝、脚掌、手掌和眼周水肿，烦躁，头痛，无精打采，混乱以及蛋白尿，等等。如果不加以治疗，可能会演变成子痫，最终导致癫痫昏迷、血压剧升，死亡率高。

如果你笔下的年轻女士出现先兆子痫，她会住院接受治疗，医生一定会严格要求她卧床休息，给她静脉注射硫酸镁，以及利尿剂和其他药物，以控制她的血压。同样地，医生也会试图劝她多多卧床休息，直到胎儿超过36周再进行分娩，但更可能给她进行剖宫产手术。

最后一个选项是围产期心肌病变，英文直译就是“在生产期前后发生的心脏肌肉疾病”。

在心脏病学中，心肌病变有很多类型，但结果往往是心脏肌肉虚弱导致无法正常输送血液，失去主要功能，医学术语是“心脏衰竭”，衰竭的心脏不再将血液输送至全身，患者的血压会降得很低，压力会在肺里渐增，最后导致肺部积水并阻塞，这个病症称为“充血性心力衰竭”。主要是由于高血压和冠状动脉疾病引起的心脏病发作、摄取酒精之类的毒素，或者是心脏肌肉遭病毒感染而引起的。

围产期心肌病变通常被认为是一种特殊的充血性心衰竭，原因目前尚不明确，发病率约 1/4000~1/3000，常见于怀孕最后一个月到生产后 5 个月，孕妇的心肌变弱导致心脏衰竭，症状包括呼吸困难、疲劳以及下肢水肿，治疗方法是多休息、控制盐分摄取以及服用利尿剂等，有时医生会使用毛地黄强化孕妇心肌，帮助她渡过难关。

一般而言，围产期心肌病变在怀孕最后几周开始，于产后几天内消失，由于会随着每次生产而变化，因此医生通常不建议有心肌病变的孕妇继续生育，这种病症既无从预测，也无可避免。

在短短数天至一周之内，你笔下的人物会非常疲惫，体重快速增加（因身体严重积水），呼吸不顺，脚踝肿胀，必须送医接受治疗。

如果你想让你笔下的这名怀孕的少女留在她自己家里，就可以将剧情设定为她早产，如果你想让她住院，以上 4 个选项都能达到你的目的。

问题58：哪种医疗急症可以揭露一名年轻女性怀孕的秘密？

在我的故事里，一名16岁少女试图向双亲隐瞒自己已经怀孕的事实，几个月下来，她都没曝光，我想安排她的秘密以某种戏剧化且威胁性命的方式被揭露出来。我考虑过流产，但不知道还有没有其他危及她性命的情况，我希望最终她能活下来，只是过程中受点惊吓。

我想到了以下几种情况。

第一种情况是正如你之前所说，流产是一个非常不错的选择，流产可以十分戏剧性地让故事情节突然展开，也可以断断续续拖拉好几天，你不妨安排她突然腹绞痛，出血后排出胎儿组织。如果她怀孕已有几个月，排出的会是具有胎儿形状的组织。她也许会晕倒陷入休克状态，出现低血压、脸色苍白、手指脚趾和嘴唇周围发青、一身黏腻的冷汗等症状。她将被带到医院急诊室，接受静脉输血与输液，然后送进手术室进行治疗，接受紧急刮宫手术。通过手术，妇产科医生将从她的子宫中移除所有残余组织。

或者她会出现偶发性疼痛，持续一段时间直到流产、阴道出血，这些可视情况而定。她同样会被送到医院进行刮宫手术。上述两种情况，她都需要住院好几天，但完全恢复的概率很高，不会对她的健康造成长远的影响，至少没有生理上的影响，心理上的阴影可能会比较深远。

第二种可能性是宫外孕。受精时卵子离开卵巢，来到输卵管口，下降到子宫，精子来到子宫进口，沿着宫颈游向子宫，再向上游进输卵管，在此遇见下降的卵子。一颗精子脱颖而出，卵子就在输卵管内受孕，受孕的卵子继续向下降，进到子宫，并着床于子宫内膜，正式宣告怀孕。

有时受精卵会在输卵管里“耽搁”。

受精卵仍会正常发展，就像在子宫内着床一样继续长大。刚开始，孕妇出现的症状和正常子宫内孕完全相同，她开始晨吐、情绪不稳、乳房胀痛，出现怀孕时出现的所有症状，验孕结果也呈阳性，没有人会知道或怀疑事情不对劲。然而，随着胎儿发育成长，输卵管无法像子宫那样扩张容纳不断长大的胎儿，于是终将破裂，整个过程会持续约 6~12 周。

其症状类似流产，但是腹痛症状会更为剧烈，局限在下腹的左侧或右侧，这要看宫外孕发生在哪一侧输卵管（子宫内孕的下腹疼痛是在正中央）。阴道出血的情况往往比较轻微，有时甚至不会发生，因为输卵管破裂的出血将渗透腹腔，而且子宫进口不太可能像流产时那样完全打开，让血液通过。

宫外孕通常会持续数天，数天之后输卵管才会慢慢破裂，因此这种病经常被误认为阑尾炎，因为两者症状十分相似。但如果接受骨盆检查的话，就会发现左腹或右腹的输卵管及卵巢一带（合称子宫附件）有明显肿块。如果去看妇产科，医生就会说她已怀孕，而且由于子宫附件肿块，会帮她做腹部超声（利用超声波取得腹腔内部画面）检查，之后确诊为宫外孕。然后就会给她动手术，受影响的输卵管将被切除，因为另一条输卵管完好，她未来可以继续受孕，两个卵巢及子宫也会完好如初。

如果她没察觉或对腹痛不以为意，疼痛将逐渐加剧，而且越发频繁，但阴道出血和有“血点”的机会不大，只是输卵管会破裂。

第三种可能出现的情况是，她担心被父母知道而十分恐惧，便找到没有执照、没有医德的堕胎诊所，对方只管拿掉孩子，不会过问太多细节。她需要一笔可观的费用。那些不合格的医生或护理师，甚至完全没受过医学训练的人，将使用非正规设备，在未经妥善消毒（或者根本没有消毒）的情况下，替她进行某种刮宫手术，手术后可能引发的致命性并发症不胜枚举。

她会因为手术造成的外伤而血流不止，或者因刮宫手术做得不完全而导致残余组织血流不止，疼痛和出血也将持续数日。她会变得越来越虚弱，最终导致自己的秘密被公之于众。

她还可能承担子宫穿孔的风险，这在“衣架堕胎”盛行的时期非常常见，清除胎儿的衣架可以直接穿透子宫壁进到腹部，由于子宫很容易穿孔，所以医生进行治疗性堕胎或子宫刮宫手术时总是小心翼翼。子宫穿孔会使人非常痛苦，可能导致严重出血和休克，甚至死亡，这时候，接受修复或摘除子宫的紧急手术或许才能挽救生命。

又或者是，她可以安然度过堕胎手术，却在数天后并发感染。由于子宫内感染特别难以治疗，子宫抵御感染的能力不佳，如果使用没有经过妥善消毒的医学器具，导致手术中细菌进入子宫，然后再进入血液，就会引发败血症和败血性休克。败血性休克是细菌的毒素严重扰乱血压以及身体组织使用氧气的能力所致，症状和征兆包括低血压、高体温、颤抖、混乱、定向力障碍，最严重的甚至还可能致死（这类感染具有高致死率）。为了抢救病患，需要手术切除子宫，施予高剂量抗生素，静脉注射类固醇，以及控制血压的药物（多巴胺、肾上腺素或多巴酚丁胺）。

问题 59：什么是海湾战争综合征？

我在写一则短篇小说，需要关于海湾战争综合征的资料。目前为止，我读到的信息十分令人困惑，而且真实性似乎仍有争议，请问海湾战争综合征是真实的吗？它是由哪些原因造成的？对患者具有什么影响？这种病可以治疗吗？

你的困惑其实非常正常，很多专家学者也在争辩它的真实性，以及如果真有此症，那么这种病症产生的原因具体是什么。这是个牵涉广泛而且错综复杂的主题，而医学界对此综合征仍处在摸索阶段。

这场争议始自许多美军从海湾战争回家后，纷纷开始出现各种不寻常的症状，最常见的症状有疲劳、头痛、记忆丧失、失眠、各种皮疹、手脚肿胀、灼热、关节疼痛、腿胀、慢性咳嗽、肌肉无力、协调性丧失、四肢麻木刺痛、直肠出血以及心悸与心律不齐等。以上这一连串症状被统称为海湾战争综合征。

在医学上，综合征这个词常常用来指某些征兆和症状，因为这些征兆和症状经常同时出现，从而被视为一种独特疾病。然而，这些症状之间的因果关系或生理学关系仍未确立。比如，一对男女牵手走在街上，这并不意味着他们是夫妻。综合征的征兆和症状“手牵手”，但彼此是否具有“婚姻”或任何潜在关系，这些未经科学证实，海湾战争综合征也是这样。

海湾战争综合征的成因不明，有些人认为是心理疾病，还有人认为是伊拉克军方使用化学或生物武器引起的，或是美军摧毁伊拉克化学武器的结果，被摧毁的地堡释放化学制剂到空气中，使美军接触到有毒蒸气，还有一些人相信海湾战争综合征和美军打炭疽疫苗与肉毒杆菌疫苗有关，或是服用了用来抵抗许多已知化学武器化合物的溴吡斯的明药片。总的来说，最有可能的原因大概是以上几种推测。也就意味着，这些不良症状可能源自美军接受的疫苗和药物治疗，再加上化学和（或）生物制剂中毒所致。

当时伊拉克军方拥有的有毒化学制品包括沙林、梭曼、塔崩、VX、氰化氢、氯化氢、芥子气、二乙醇硫醚（芥子气的先验化学制品）、路易斯毒气等许多制剂，他们可能使用的生物制剂则包括肉毒杆菌毒素和炭疽。

沙林、梭曼、塔崩和VX是强大的精神毒素，它们作用迅速，可以破坏中毒者的神经系统。由于许多海湾战争综合征的症状为神经性的，所以很可能和这些化学制品脱不了关系。芥子气、二乙醇硫醚、氰化氢和路易斯毒气可以快速破坏人的皮肤和肺部，肉毒毒素和炭疽可以给人造成严重的精神系统的缺陷。上述疫苗和溴吡斯的明也具有精神性的副作用。

很不幸的是，尽管人们推测出了一些可能会造成海湾战争综合征的因素，但是目前只有非常薄弱的科学依据。简而言之，现在下定论还为时太早，人们对这个领域的研究还在摸索之中，治疗海湾战争综合征的解药或有效的疗法目前尚未出现。

第二部分

谋杀和故意伤害

第六章　枪支、刀具、爆炸物及其他致命武器

问题 60：遭电击棒攻击会致命吗？

我正在编写一个故事，需要让一个人在拥挤的人群中杀死另外一个人。我想让这个凶手使用电击棒。尽管这些武器并不认为具有致命性，但假设受害者心脏方面有疾病或者装有心脏起搏器，那么在遭受比一般时间更久一些的电击时有没有可能因此丧命？

这是个有趣的问题。

你的假设是正确的，电击棒并非致命性武器，夺走一名健康正常人的生命的可能性极低。

电击棒和泰瑟枪会发出高电压、低电流的电击，这种电击电压通常在 5 万伏特左右，但有些可能发出高达 35 万伏特的电击。这会引起肌肉剧烈收缩并且十分痛苦。大多数人会瘫倒在地，痛苦地扭动。有一些人“性格强悍”，能够拔掉泰瑟枪的电极，或者将电击棒从攻击者手中打落在地。体型更大、脾气更暴躁的人，或者服用类似 PCP（苯环利定）、冰毒等特定毒品的人，更有可能抵抗电流的影响。

心脏起搏器由起搏器和连接起搏器与心脏之间的导线所组成。

起搏器通常安装在锁骨正下方，从胸壁可见一个表盘大小的隆起。导线穿过锁骨正下方的锁骨下静脉，并沿着上腔静脉到达心脏右侧，进入右心室下端。这样就将导线与起搏器连接上了。

只有直接对准起搏器，电击棒里的电流才能对心脏起搏器造成永久性伤害，“煎熟”里面的电子元件。要想达到这样的效果，攻击者必须将电击棒抵住受害者胸口，或是必须把泰瑟枪穿透皮肤直接顶住起搏器。如果电流对准的是身体其他位置，则不太可能破坏掉起搏器。

话虽如此，电流会严重干扰起搏器的感知功能，这样的话，起搏器可能在心脏停止跳动时还认为心脏在正常跳动。起搏器是一种“需求装置”，这意味着它可以“读取”心脏电流数据，只在心脏没有电流活动时“发射”电流，如果心脏正常跳动，那么它只会“静观其变”。

然而，大部分装有心脏起搏器的人并非我们所谓的“起搏器依赖者”。起搏器依赖者意味着自然心率已经消失或过慢，并且在没有心脏起搏器的情况下，心率会降至非常低的程度，每分钟 30 下或更少，还有可能造成生命危险。大多数人装心脏起搏器是作为心率间歇性减慢的“安全网”，因此干扰起搏器的感知功能并不足以致命，因为这些患者还可以凭借自身足够的心率来维持生命。

电击棒装置可以用来杀死装有心脏起搏器的人，但可能性并不高。

至于心脏病患者，如果罹患的是冠状动脉疾病或某种需要药物治疗的心律问题，遭受电击的疼痛和惊吓可能会加速心脏病发作或者引发致命心律失常。疼痛、惊吓、恐惧和愤怒会引起肾上腺释放肾上腺素到血液里，会造成心率和血压直线上升，从而引发心脏病发作或致命的心律变化。

问题61：遭到电击棒攻击会发生什么事？

在我的新书中，有个人物遭到电击棒攻击，将会发生什么？她会失去意识吗？过多久她才能再次站起来？她会记得遭到过伤害吗？

电击棒是手持接触性装置，使用者需要将“电击口”放在受害者的皮肤上，而泰瑟枪是手持投掷性装置，会射出一对“飞镖”，由电线与手持装置连接。这对“飞镖”可以穿透皮肤，甚至穿透某些衣服。市面在售的绝大多数装置，电线长度大约15英寸（38.1厘米）。

两者均能发射出高电压、低电流的电击，通过令受害者全身肌肉僵硬来使其出现暂时瘫痪。不同种类装置电压范围在5万~30万伏特。一些泰瑟枪的初始攻击将持续5~10秒，随之而来的是一连串时间较短、累计总时长30秒左右的电击。这些细节因制造商与装置不同而有所差异。

受害者受到的伤害并非永久性的，但仍需要数分钟时间才能从电击的惊吓中恢复正常。

受害者的典型反应是倒地不起，随着肌肉收缩，受害者的背部会拱起，四肢抽搐，像癫痫发作一样。我们称此为强直阵挛发作。她可能会大声痛哭或哀号，但不太可能做出任何有意识的动作，比如站立、跑步或爬行。几分钟后，她将会再次恢复正常，可能多了些戒备，但能够行动自如，应该不会留有后遗症。

受害者并不会失去意识，并且可能会对事发过程及痛苦的感受记得一清二楚。

问题62：电击棒会电击到其他跟受害者接触的人吗？

我的故事中有一段情节是一个没有任何痛觉的人倒在地上，被持有警棍和电击棒的警卫殴打。在殴打中，一名警卫用电击棒电击了他。如果这个使用电击棒的警卫与其有身体接触，那警卫是不是也会遭到电击？和他有肢体接触的其他警卫是否也会被电击到？

以上两个问题的回答都是肯定的。

任何与遭到电流袭击者有所接触的人都将会受到电击。这就是为什么在进行心肺复苏手术时，医护人员在按下释放电流的按钮前会大喊“清空”。我想你一定在急诊室中见到过。否则，负责按压胸口、量血压或者出于其他任何理由触摸病人的人，都会遭到除颤器的电击。

如今很多病人都装有植入式心率除颤器（基本上类似于将抢救人员装在盒子里），这是一种置于胸部皮肤以下用电极连接心脏的装置。这些装置可以监控病人的心律，并且一旦出现潜在致命性的异常心律时，便从内部对心脏施加电击，有可能使心律恢复正常。在放电时触碰病人的人将会感到一阵微弱的电流，这并不会造成伤害也不会疼痛，但仍能明显感觉到。

问题63：“爆炸杆”造成的伤口看起来会是什么样?

如果某人使用了“爆炸杆”，就像那些用来对付鲨鱼的谋杀武器一样，那么所造成的伤口会是什么样子的?

爆炸杆基本上就是一种前端装有爆炸性弹药的长杆，最常见的是霰弹枪弹药。这类装置是被用来防御鲨鱼并且狩猎鳄鱼的。使用时将前端对准目标发射。有些爆炸杆的炮弹内留有弹药，所以用起来就像猎枪一样。然而，其他爆炸杆里的炮弹没有弹药，杀伤力则来自火药爆裂的冲击力。

伤口属于“接触类”。（详见后续提问：近距离枪伤导致的伤口是什么样子的呢？）如果有弹药，伤口就像猎枪接触皮肤并扣起扳机，迅速扩散的气体将皮肤撕裂爆开呈现星状，并且会穿透皮肤组织造成大面积损坏。

如果没有弹药，那伤口就完全由扩散气体所致，造成的外形取决于接触的位置。比如，如果顶着头骨扣起扳机，爆裂的气体将横向扩散，将组织撕裂成星状裂口。如果对准比较柔软的组织，比如腹部，那伤口看起来可能仍是星状，但通常较深且窄。

问题 64：心脏病患者头部遭到重击，会不会更加致命？

在我编写的故事中，一位长者头部遭受拐杖重击，倒地而亡，鲜血既从头部受击处流出又从不健康的心脏处流出。请问一记重击是否会导致心脏病患者丧命？周围会不会流出大量鲜血？我希望不会，因为我更想保持干净整洁的现场。

用拐杖或其他物体对头部加一记重击，的确有可能致人死亡，受害者是年长者时尤甚。年长者很容易因为跌倒或头部受到撞击而头骨骨折，因为他们的头骨更加脆弱。但即使没有骨折，颅内出血也会致命。

颅内出血有时会立即死亡，有时也并不会那么快，这取决于攻击力大小、大脑受伤范围、出血速度及出血量。如果受害者大范围颅内出血且几个小时内并未发现，那几乎可以保证必死无疑。

对于心脏病患者来说，遭受任何形式的重击都会导致心脏病突发或心律不齐而猝死，造成这种死亡方式的原因是这类重击带来的恐惧和痛感所引发的肾上腺素飙升。你无须用这种情节，因为单一记重击就足以造成受害者丧命。

头部重击往往会撕裂头皮，造成大量出血。然而，很多情况仅会导致头皮淤血或轻微擦伤，这样的话外部出血量就不会太多。无论哪种方式，颅内大量出血都会发生并且致命。所以，你想要“十分干净整洁的现场”，这是十分合理的。

问题65：食物中的玻璃会致人丧命吗？

我笔下的一名遭受家暴的女性决定通过在盐罐里加毛玻璃谋杀她的丈夫。请问要加多少量才能达到目的？需要持续一段时间吗？会表现出来什么症状？如果丈夫有溃疡是否可以加快其死亡速度？

首先，这个办法不太可能实现。

玻璃必须被研磨得十分细致，才能让受害者在服用时不会察觉到。人在咀嚼食物时，即便再小片的石头、沙子、玻璃、软骨等，都会感觉得到。食盐会溶解但玻璃不会，所以食物吃起来会像吃到沙子，除非将玻璃研磨成粉末。但是，研磨如此细致的玻璃也不太可能对胃肠道造成致命损伤，最多受刺激造成轻微出血。如果你能让受害者吃下更粗粒的玻璃，比如压碎但又不是研磨的那种，那这种玻璃碎片可以损伤肠胃，造成出血。

这种办法只能在狗身上行得通，因为狗通常不会真的咀嚼食物并且习惯啃骨头和软骨，根本不会察觉到玻璃。它们将大块具有伤害性的玻璃碎片吞下，玻璃在体内会流至某处并致其缓慢出血而死。然而人类会察觉到食物有异样，就算没发现，也会在发现出血时就医治疗。

即便是比较粗粒的玻璃，也不会造成大量出血或危及性命的出血，而是缓慢出血，造成贫血并感到疲劳。粪便因出血而呈黑色，受害者会去就医治疗。没错，溃疡会加重伤势，因为这表示受害者有两个潜在出血点，不过只有溃疡具备使人性命垂危的出血潜力。我不认为玻璃粉末对现有溃疡的损害足以引发严重出血。

但是，如果受害者患有冠状动脉疾病之类的严重心脏疾病，曾有多次心脏病发作（心肌梗死）病史，现在仍时不时发生心绞痛（心脏造成的胸痛，源于血液供应不足，通常会让人有一种局促或受压感），那么缓慢出血造成的贫血还可能引发致命的心脏疾病。

患有冠状动脉疾病的人，负责供血至心脏的动脉呈粥状硬化而变窄。这意味着流向心肌的血液因动脉阻塞而减少。贫血是一种以血液中红细胞减少为特征的疾病。运输氧气的正是红细胞，所以贫血时，血液中的氧气比较少。

如果两种情况一起发生，流向心肌的血液不仅因动脉阻塞而减少，而且心肌处的血液含氧量也不足，这是种非常危险的混合情况。我们在医院里见到很多类似情况。患有冠状动脉疾病和轻微心绞痛的患者健康状况很不稳定，如果因为出血性溃疡或其他因素而贫血，那么还可能会导致心脏病发作或死亡。

随着贫血的持续，心绞痛会进一步恶化。既然他是个实施暴行的浑蛋，那他可能不会去就医治疗。他的心绞痛发作会越来越严重，越来越频繁，每次发作都有可能恶化成心肌梗死并致其死亡。

只要他的妻子说自己的丈夫临死前心绞痛越发严重却不肯就医治疗，最后捂住胸口倒地而亡，医生可能就会立即为其开具死亡证明。这样就不会开启验尸流程，法医永远不会发现他贫血的原因和肠胃里的玻璃，而他的妻子也可以继续过安稳的生活。

所以，玻璃粉末这个方法行得通，不过并不会直接取其性命。

问题 66：一个人多长时间会被枕头闷死?

我笔下的受害者因窒息而死——枕头盖在脸上。这么做多长时间会致死？这位受害者是名年纪较大的女性，并不是很强壮，由于双腿在车祸中断了而住在护理之家。

年长女性一般会在 2~5 分钟之间死去，而且应该比较接近这个范围的下限。其中更年轻、更强壮的受害者可能会顽强抵抗一阵，因此窒息变得“断断续续”。这就是说，受害者可能挣扎着推开枕头好几次，可以大口呼吸空气。他可以持续这样间断呼吸直到血液中氧气含量明显下降，这使他变得十分虚弱，失去意识直至死亡。你笔下的年长女性可以挣扎，但可能身体不会强壮到可以把枕头从脸上推开，甚至是一口气都呼吸不到。由于她的双腿都断了，无法找到施力点，因此这种情况就更加突出了。

她的挣扎以及极度恐惧都会使其血液中的氧气被迅速消耗掉，所以容易更快死亡。而且，正如你笔下的这位受害者一样，她很可能患有不同程度的心肺疾病，这将进一步降低她对缺氧的承受力，2~3 分钟就是极限了。

她可能会死于心跳呼吸骤停。如果她没有任何外伤特征，家庭医生会判断其为正常死亡，因为每天都有老人“在睡梦中”死去，尤其是在车祸后住进护理之家的。她的私人医生可能认为她有致命性的心脏病或肺栓塞。肺栓塞是由从腿部或骨盆流到肺部的血液凝块所导致，也是常年卧床病人和下肢受伤的患者常见的死因。你笔下的这位年长女性同时拥有两项肺栓塞的风险因子。她的医生应该会开具死亡证明，事情就此结束。

但如果法医解剖尸体，他可能会发现眼结膜处有点状出血（微小的毛细血管破裂导致红点和小斑点）。窒息、勒死和绞死的人，都会显现这个特征。法医一旦发现点状出血，就会怀疑死者死因是他杀。

问题 67：被人用冰锥从颈背袭击会死亡吗？

杀手将冰锥从男子颈背刺入，在头骨正下方，造成对方当场死亡。这个假设成立吗？

因为生命维持需要大脑与身体之间沟通无阻，任何对颈部脊髓的损伤都可能是致命的。如果将冰锥或刀刃强行插入颈部的两个骨头（颈椎）之间，切断或毁坏脊髓，受害者必死无疑。头部脊髓分为 8 个层次，相当于有 7 段颈椎，8 对神经（C1 到 C8）。

脊椎任何一节受伤都有可能致命，越往上越危险。为什么呢？因为 C3 到 C5 的颈椎负责控制呼吸，所以这一段及上面一段受伤将会造成受害者窒息而死。

你笔下受害者如果被人用武器插入第二节和第三节脊椎之间会不幸丧命。

脊髓被横向切断，身体所有肌肉就会立即瘫软，受害者就会倒地不起。他不能说话也不能呼吸，因为连接横膈膜的神经（从 C3 到 C5）将被切断。此外，随着身体失去活力，血管会迅速扩张（张开），造成血压下降，随之而来的就是休克、意识模糊以及死亡。

受害者会不会有几秒钟保持意识清醒？可能会，但他虚弱得像个稻草人一样，无法移动、说话、呼吸或者求救，近乎当场丧命。

问题68：一把刀能造成最致命的伤口是什么样子？

我笔下的右利手凶手拿着一把6英寸（15.24厘米）的刀，用“一刀”（非常锋利）杀死一个人。这种假设合理吗？验尸报告会怎么写？

你的问题，有几种可能性。

职业杀手有办法成功将刀刃对准颈椎，一刀切断脊髓。通常是从背部攻击。他们一手捂住受害者的嘴巴，一手熟练地将刀刃猛地插入颈背的骨头之间。受害者随即倒地，差不多当场立即死亡。

杀手能从类似的位置朝受害者的脖子划一刀，切断颈动脉和气管。

由于颈动脉负责向大脑供血，受害者将迅速死亡，切断声带下方的气管可避免受害者大声哭喊。妮可·布朗·辛普森就是这样死亡的。

刺穿心脏的刺伤大多数情况下都是致命的，而且相当迅速。如果肺部被刺伤主动脉就会受重伤。但有些受害者在胸部甚至心脏遇刺后仍能呼叫求救。

对腹部的挥砍或刺伤如果造成主动脉或腔静脉被割破也会导

致死亡。不过问题就在于主动脉和腔静脉都在腹部内侧，6英寸（15.24厘米）的刀刃可能无法刺伤它们。如果攻击者足够强壮，把刀子朝受害者猛力刺去，而不是挥动刀刃，或许还有可能。因为受害者是因流血过多而死，所以还能坚持好几分钟。

切断颈部脊髓、割喉或直击心脏，致死的概率是最高的。

法医或验尸官可以毫不费力地立即判定死亡原因。断头称为“颈部脊椎横断”。割喉用专业术语来说是“颈动脉横断”。心脏遇刺导致血液流满心包腔（包住整个心脏的囊袋），从而压迫心脏，影响心脏功能，称为“贯穿刀伤引发心包填塞致死”。腹部遇刺导致“主动脉（或腔静脉，或主动脉和大静脉）穿孔引起的贯穿腹部刀伤致其流血而亡”。

问题69：受害者背部哪个部位被刀刺伤会致命？

有这样一个场景：侦探走进办公室，发现她的老板背上插着一把拆信刀，奄奄一息。

肺部或附近有动脉吗？如果受害者是背部被刺，而且正好刺中该动脉，那么他真的会淹死在自己的血液里吗？受害者可以说话吗？能向侦探提供不可或缺的神秘线索吗？如果没有刺中动脉，而是刺中了其中一个肺，会致命吗？

首先，我们来复习一下解剖学和生理学知识。肺的功能是交换气体，简单来说，就是将氧气送进血液，将二氧化碳和其他毒素排出血液。为此，血液和空气必须密切接触。肺部有无数微小的肺泡，以及环绕着这些肺泡的无数毛细血管，使血液和空气密切接触。

人体的基本循环系统分为体循环和肺循环。

体循环，是左心室将血液从主动脉输出至身体各个动脉，最终抵达每个器官、各个角落与缝隙，然后通过静脉，血液回到右侧心脏。肺循环，是右心室将血液输出至肺动脉，继而使血液流入越来越小的血管中，像扇子一样分布在肺的每个部位。等到血液获得氧气，又通过肺部静脉流向左侧心脏和左心室。

于是，我们可以得出对该问题十分重要的两个事实：第一，体内的所有血液要不断进行肺循环，由于肺是将至关重要的氧气输送到血液的唯一途径，所以肺循环十分必要；第二，肺跟身体其他任何器官一样，接收一部分体循环的充氧动脉血，以维持肺组织的自身活力。因此，肺是血管密布的器官，动脉、静脉、毛细血管都在此分布，一旦受伤，血流不止。

现在，回到问题。由刀刺和枪击造成的肺部穿透伤，将导致肺部出血，然后血从口鼻流出。从口鼻流出来的血呈鲜红色，而且，由于受害者努力呼吸，这个时候空气进出肺部，与血液混合，流出来的血呈泡沫状。由于肺部到处是血，受害者自然就会淹死在自己的血液里。受伤的肺可能会塌陷，但也不一定，这只会使受害者的呼吸更加困难。

只要有空气进出肺部，受害者就可以说话，向侦探提供线索。如果侦探足够聪明，就会帮受害者翻身，将其受伤一侧朝下，这个时候可以充分发挥地心引力的作用。

比如，如果受害者是左侧肺部被刺，但身体朝右侧躺着，从受伤肺部流出来的血液就会由于地心引力的作用从左侧支气管（从气管到左侧肺部的主要气道）流入右侧支气管，然后流到右侧肺部。这样一来，没有受伤的一侧肺部就会充满血液，受害者的两个肺都陷入困难，从而加速死亡。要是侦探将受害者翻到左侧躺着，由于地心引力的作用，会使血液留在已经受伤的左侧肺部，这样完好无损的右侧肺部就不会到处是血，并能持续正常工作。这么做可以救受害者一命，至少可以减缓其死亡速度，从而帮助侦探获得需要的线索。

问题 70：受害者颈部受到刀伤或枪伤会发出什么声音？

我笔下的人听到“嘶嘶”或“咯咯”的声音，循着声音进入一间大门敞开的房间里，发现一具尸体。如果受害者是颈部被枪击中，会发出这种声音吗？这种声音在中枪之后会持续多久？

简单来说，会发出声音。

枪伤或任何其他类型的穿透伤（刀、箭、斧头、砍刀等）都会使受害者发出这些声音，但前提是肺部或某个气管受伤。你所描述的这种声音，是空气通过像血液一样的液体时发出来的声音。想象一下，风箱将气体打入黏稠的液体时，就会发出这种声音。

溺水和心脏衰竭或中毒（如氯气或其他刺激性气体）导致的肺积水，或者某些特殊状况下，受害者也会发出这样的声音。如前所述，就是那种空气穿过液体时鼓泡泡的声音，不管什么原因。

受害者遭受喉部枪伤或刀伤，以及穿透胸部进入肺部的枪伤或刀伤，都会发出这样的声音。血液会涌入气管（包括气管和支气管），受害者努力呼吸时会有空气进出，就会发出鼓泡泡或者咯咯咯的声音。很明显，如果你安排的人经过房间时能听到这些声音，说明受害者还有生命气息并正在努力呼吸，那么，在发现尸体之前一定能听到受害者最后的呼吸。

从受伤到死亡的时间长短充满了变数，这取决于受害者的伤口性质、受伤位置、伤口深度及其年龄、体格和健康状况，前面三种因素比患者自身因素更为重要。这个时候，受害者是在受伤几分钟之后还是几个小时之后死亡，就看你的情节需要了。

问题71：颈部被刺还能说话吗？

一个人有没有可能在被枪击中或被刀刺中颈部以后，停止呼吸之前吐出可以让人理解的只言片语？

有可能，除非喉头或声带被破坏了，或者喉头或声带下方的气管被割断了。喉头，即喉结；声带在喉头内沿着气管分布。当有大量空气以足够快的速度在声带之间来回流动，使声带震动时，就会发出声音。如果声带严重受损，就不可能发出声音了。

同样，如果声带下方的气管被割断，肺部呼出的气体就会通过伤口排出，从而无法到达声带，无法产生震动，也就无法发出声音了。

如果喉头受到创伤或者患有严重肺疾病，需要进行永久性气管切开术（在喉头正下方的气管开一个洞），必须先塞住手术切开的洞，受害者才能说话。否则，空气从洞口排出，无法抵达声带，类似于上面提到的伤口情况。

如果声带和气管完好无损，发出声音和说话都不是问题。虽然会有湿湿的泡沫，导致声音沙哑，但还是能听懂。

问题72：一个醉酒的人中枪后昏迷了两天，他应该是哪个部位受了枪伤？

我安排一个反派角色朝一个烂醉如泥、昏睡不醒的人开枪。因为不是职业杀手，他朝那人开枪后，心想对方肯定死了，便离开了现场。

如果几个小时都没人发现受害者，他仍有可能还有生命迹象但昏迷不醒一到两天吗？如果可能，那么他应该是哪个部位受了枪伤？

你描述的情境有可能发生。不可能是酒精的作用使受害者两天昏迷不醒，因为身体会迅速代谢（分解）酒精，受害者几个小时之后就会醒过来。如果他喝下的酒足以使他昏睡两天不醒，由于过多乙醇摄入产生抑制作用，会导致受害者在短时间内死亡。

身体大部分部位遭受枪伤，都不会导致受害者昏迷两天不醒，头部除外。因为子弹穿透颅骨，会伤及大脑（需要动手术，很长时间才能恢复），或者只伤及头皮，导致脑震荡，可能造成颅骨骨折。脑震荡会造成短暂不省人事、迷失方向、意识混乱、失去记忆，或以上症状同时出现，要看具体情况。

这种震荡性受伤会导致受害者昏迷两天，大多数情况是昏迷几个小时，接下来两天，受害者会先后经历嗜睡（想睡而且醒不过来），意识混乱且迷失方向，短暂清醒后头脑逐渐清晰，完全清醒且记忆完整，对事发经过毫无记忆或只记得片段。受害者甚至可能会出现逆行性失忆，也就是他可能不记得被枪击之前的事情。这种逆行性失忆一般只会持续几分钟或几个小时，也有永久失忆的极端案例。

我认为这种枪伤最可能发生在你描述的情境之中，而且完全合理。子弹也可能会出现在头皮下方，在这种情况下，外科医生会通过局部麻醉将子弹取出。也有可能子弹在击中颅骨之后反弹，彻底离开头皮。当有人发现受害者昏迷不醒，应该将其送往医院急诊室，交由急诊医生和外科医生诊治。

照 X 光可以很容易确定颅骨是否骨折，子弹是否进入颅腔，子弹取出之后是否有子弹碎片残留在头皮里。如果子弹没有进入颅腔或者颅骨并没有骨折，外科医生会取出子弹和所有子弹碎片，清理并包扎伤口，有可能会放一根手术引流管（一根软软的橡皮管）到伤口处，将受伤部位的体液排出，这么做是为了降低感染的风险。缝合这些“肮脏伤口”会使体液聚集在伤口内，这些体液是很好的培养基，会促使感染菌的滋生。

受害者需要在医院住上几天，接受静脉抗生素注射。医护人员会检查是否有感染迹象（包括红肿、疼痛、化脓），清理伤口，重新包扎，一天至少两次。几天之后，拔除引流管，脑震荡消除，受害者基本恢复正常。

问题 73：大卫是怎样杀死歌利亚的？

我想问一个有趣的问题，关于大卫和歌利亚之间的搏斗。据我所知，除了《圣经·旧约》之外，没有其他与之相关的历史记载。我想从你这里得到有关这场战争准确的医疗细节。很明显，大卫投掷的石头并没有杀死歌利亚，而只是将他打晕在地，好争取时间将他的头从脖子上取下来。其中最引人注意的一个细节，就是石头砸进他的额头（不是太阳穴），参考《撒母耳记上》第 17 章 48~51 节。请问，歌利亚在被石头砸中之前，到头被大卫割下来，这中间具体发生了什么？

好问题。

根据《撒母耳记上》对这场短暂搏斗的描述，石头嵌入歌利亚的额头，然后“他就扑倒，面伏于地”。石头砸中头部，要么只是很疼，要么就要人命。还有一种折中情况，就是会引发脑震荡，就像拳击一样，一个左勾拳就能将对方“打晕”或打得对方不省人事。

一般来说，像石头这样的物体会造成钝性损伤[1]，与子弹造成的“穿透伤”相反。头部钝性伤不一定会造成颅骨骨折、不省人事、脑内出血或者置人于死地。

穿透性头部受伤，顾名思义，是指物体打破或者穿透头骨。这明显是一种更加严重的伤害，因为大脑本身直接被物体损伤。这种

1 钝性损伤：即由钝物造成的身体器官和组织的非穿透性伤害。

穿透伤会导致头骨骨折，但不一定会使受害者不省人事、脑内出血或死亡。

如果受到这种创伤，就只能听天由命了。我见过一例工伤事故，当时那个人被从磨床飞出来的金属圆盘击中额头，当场打晕，但很快就醒过来了，当他赶到医院时，额头上插着一块圆盘，好像遭到了迷你飞碟的攻击一样。我对他进一步检查之后，发现圆盘前沿已经穿透他的头骨，并且嵌入大脑。但他依然意识清醒，具备警觉性，神经功能正常。神经外科医生将圆盘取出，受害者恢复良好，没有留下后遗症。他当时有没有可能当场死亡？有可能。他当时有没有可能脑内出血从而需要更大的手术，或者死于并发症？有可能。他有没有可能遭受永久性脑损伤？有可能。重点是，什么都没有发生。真是命好！

现在回到大卫和歌利亚的问题。《撒母耳记上》第 17 章第 4 节提到，歌利亚身高“六肘零一虎口”，很多专家认为，一肘大约是 17 英寸，一个虎口大约是 9 英寸，这意味着歌利亚的身高超过 9 英尺（约 274 厘米）。如果这是一件真事，而不是传说，歌利亚很可能患有巨人症或肢端肥大症[1]。这些症状主要由脑下垂体肿瘤所致，而脑下垂体肿瘤又会分泌过多生长激素。生长激素会促进骨头增长、肌肉增厚。在青春期骨骺（生长板）关闭之前，患有这种病的人会长得非常高，胳膊和腿都很长。等到骨骺关闭以后，骨头不能纵向生长，但在过多荷尔蒙的持续影响下，骨头会长粗，特别是手、脚、下巴还有额头。肢端肥大症患者的手和指头都很粗，下巴方正如铁铲，额头前突，像悬挂在眼睛上方一样。还记得职业

1 肢端肥大症：是腺垂体分泌生长激素过多导致的体型和内脏器官异常肥大，并伴有相应生理功能异常的内分泌与代谢性疾病。

摔跤手巨人安德烈吗？他就是典型例子。跟安德烈一样，歌利亚一定是小时候就有产生垂体肿瘤的生长激素，才会长那么高，后来在他十几二十几岁时，持续过多的生长激素就导致他肌肉发达、骨头粗壮。

如果歌利亚的确患有肢端肥大症，大卫的石头就很可能嵌入这个巨人的额头里去了，但还没有穿透颅骨。也就是说，歌利亚受到了钝性伤。受到震荡打击之后的歌利亚晕厥过去，失去知觉，直到大卫用刀将他的脊髓切断后死亡，这种死法就跟送上法国的断头台一样。

当然，如果大卫投掷石头的速度够快（不管有没有上帝之手相助），那么石头就可能会穿透颅骨，造成穿透性头部损伤。歌利亚要么是死于这场外伤，要么是死于之后的断头。

描述搏斗过程的段落有些令人费解，第 50 节写道："这样，大卫用机弦甩石，胜了那非利士人，打死他。"第 51 节又写道："大卫跑去，站在非利士人身旁，将他的刀从鞘中拔出来，杀死他。"大卫到底是用石头还是用刀杀死了歌利亚呢？还是大卫只是用石头"胜了"歌利亚，然后用刀杀死了他呢？

我猜是这样的，大卫将歌利亚打晕之后，或者差不多打晕之后，用石头对他造成了钝性伤，石头嵌入歌利亚额头，但没有穿透颅骨，然后大卫砍断他的头，结束了他的生命。不过，也可能并非这样。

第七章　毒物与药物

问题 74：有没有药物或毒物能让受害人假装死亡却能活下来？

有没有一种药物能造成接近死亡的状态，让“粗心大意”的医生宣布其死亡，但受害者却在医生离开后恢复正常？如果有，要怎么使用这种药物？药效能持续多久？有没有解药？

僵尸粉符合你假设的情境。

僵尸粉实际上是河豚（学名：黑斑叉鼻鲀）的毒素。这种毒素来自河豚的卵巢。烹煮无法消灭这些毒素，不过如果处理时先将内脏清除，鱼肉本身是无害的。

在日本，河豚肉经处理后仅残留微量毒素，是一道美味佳肴。残留的毒素量极低，食用者会感到微微发热与刺痛。然而处理河豚肉不容小觑，否则可能致命，有点像美食界的俄罗斯轮盘。厨师必须经过专门训练，取得执照后才能上手，即便这样，仍会偶尔出错。在日本，曾发生过几次因河豚中毒死亡的意外。

在海地，河豚毒素用在特定的巫毒仪式中，类似于把现场工人和其他人变成僵尸。把河豚毒素涂在受害者皮肤上或掺在食物里，经由皮肤或胃肠道吸收，几分钟到 4 小时左右就会发生作用。

河豚毒素主要是一种神经毒素（影响神经系统），造成瘫痪、说话困难、呼吸缓慢微弱、心率下降、脉搏微弱。受害者看起来像死了，实际上接近死亡。受害者不仅皮肤冰冷苍白，呼吸缓慢微弱，甚至感觉不到脉搏，人们很容易以为他们已死。

在不接受治疗的情况下，如果受害者能活过 24 小时，在接下来的 2~3 天可以逐渐恢复。为了预防大脑受损，受害者必须住院吸氧，接受药物治疗，从而维持血压，直到毒素作用消退。

受害者中毒后，会感到晕眩、呼吸困难、无力，然后倒下。12 小时后回来查看，他会变成一个平静、容易控制又听话的现场工人。

这种情况是“缺氧性脑病”造成的，即缺氧所导致的脑损害。溺水、心脏骤停、一氧化碳中毒以及任何原因导致的窒息，对大脑都会造成同样的伤害。以河豚毒素中毒为例，心率和血压低于正常值，加之呼吸减慢，血液中含氧量急速下降，导致大脑受损，类似于针对新陈代谢的“前额叶白质切除术”。在电影《飞越疯人院》里，杰克·尼克逊所饰演的角色就接受了这个手术。

20 世纪 80 年代，这种事就发生在我的一位病人身上，根据乔（化名）的说法，他在海地拥有一间卡车车轴工厂，而绰号“娃娃医生”的让·克洛德·杜瓦利埃想要他的公司，可是乔不愿意出售。于是，“娃娃医生”派手下几名“妖怪”（杀人恶魔）打手把乔“变成僵尸”，抢走他的工厂。他们半夜溜进他的家，把他的鞋“上粉”。接下来，乔只记得三天后在一座拥有 300 年历史的监狱里醒来，几只老鼠在啃咬他的脚趾。当时，美国国务院耗时一个月才将他从海地救出。

问题75：受害者的玻璃杯中被人下毒，喝下杯中水后立刻毙命，他可能中了什么毒？

在我的故事里，玻璃杯中放入毒药。受害者把水倒入玻璃杯并喝下去，当场毙命。看上去他像是心脏病发作，不过故事中的侦探怀疑他中毒而死。哪种毒物符合这个情况呢？侦探可以从什么线索发现受害者实际上是中毒身亡？

很多毒物都符合你设定的情境，不过氰化物可能性最大，快速、猛烈。即使想要抢救受害者，也无能为力，因为只有立即展开治疗，才有一丝存活的希望。为什么呢？氰化物是一种“代谢毒物”，造成所有组织细胞无法使用氧气，即红细胞无法把氧气运送到身体组织，身体的组织细胞也无法使用氧气，犹如从身体中瞬间移除所有氧气。毒效迅猛剧烈，根据所用剂量，受害者通常在1~10分钟内死亡。因此，即使马上展开心肺复苏术，细胞仍然无法使用心肺复苏术所提供的氧气。

中毒症状包括呼吸急促、气短、头晕、恶心、呕吐、失去意识，可能还诱发癫痫，最终死亡。这些也是心脏病发作的常见症状。这一连串症状大约在几秒钟或几分钟之内迅速发生。受害者会突然呼吸困难加重、脸部泛红，或者揪住胸口，倒地死亡，这个过程也可能出现抽搐。此外，受害者的皮肤会呈现粉红色，如果撞到头或是手肘擦伤流血，血液会是明亮的樱桃红。一氧化碳中毒也是这样。

根据受害者最初呼吸困难，然后突然倒地，侦探可以判断出是氰化物中毒，其他线索包括受害者的粉红肤色与鲜红血液。

氰化氢是一种气体，不符合你的故事情境。这种物质主要用于烟熏法，如果从口鼻吸入或经皮肤吸收可能致命，曾是“毒气室”行刑使用的气体。

氰化钾和氰化钠的毒性最强。它们都是白色粉末，带有一种淡淡的苦杏仁味，多数人无法察觉。

但氰化钾或氰化钠很容易被皮肤吸收，凶手如果不慎也会因此丧命。

问题 76：摄入可卡因会致命吗？

在我的故事里，受害者喝下掺有可卡因的混合酒（一杯曼哈顿）而死。请问情节成立吗？氰化物可能更简单迅速，但故事中凶手更容易弄到可卡因。

简言之，情节成立。

可卡因会让大脑“加快运转”，引发致命的癫痫，尤其触发所谓的“癫痫持续状态”。一般来说，癫痫为自愈性疾病，发作几分钟便停止，但癫痫状态有时会持续数小时乃至数日，即便使用类似大仑丁或苯巴比妥等静脉注射药物，或其他抗痉挛剂（抗癫痫药物），仍无法中断癫痫状态。有时医生不得不用琥珀胆碱（一种类似箭毒的药物，能麻痹所有肌肉，不仅麻痹处于癫痫状态的肌肉，还会麻痹负责呼吸的肌肉）来麻痹患者，给他们戴上呼吸器，直到情况好转。这样做能避免患者死于缺氧，或将胃中容物抽吸到肺部。如果情况严重，需要几天才能中止这类癫痫。

即使没出现癫痫持续状态，癫痫发作就足以致命，因为它干扰呼吸作用，而且导致呕吐和吸入呕吐物。

不过，可卡因更有可能造成某种“心脏病发作”，以下是概率最高的两种。

1. 致命性心律不齐（心脏正常节律变得不规则），例如心室心搏过速或心室纤颤，都是可卡因直接作用的结果。服用可卡因致死的人，绝大多数死于这种心律变化。不论是服用、以鼻吸食、静脉注射或加热吸食都有可能引发，尤其加热吸食的可卡因经肺部吸收，几乎和静脉注射一样致命。

2. 可卡因可能导致冠状动脉“痉挛”（动脉血管壁因肌肉收缩变得狭窄）。冠状动脉负责输送血液给心肌，一旦痉挛，血液的流动将严重甚至至彻底受阻，进而导致该动脉负责供血的心脏部位坏死（心脏病发作、心肌梗死），或流向心肌的血液不足而间接引发上述致命性的心律不齐。这很常见，我遇到过许多这类的病患。

根据你设定的情境，从混合酒中摄入可卡因，足以造成上述全部后果。癫痫发作、心脏病发作、心律不齐猝死，什么组合都有可能。受害者或许会抓住胸口，抱怨呼吸困难，脸色变得苍白，汗如雨下，症状如同心脏病发作。他可能因癫痫发作倒在地上，背部拱起，眼球向后翻，手臂和双腿剧烈抽搐。他有可能咬破舌头导致出血，或者呕吐并将呕吐物吸入肺中。一旦出现心律不齐，受害者将直接倒地身亡。

问题 77：一氧化碳中毒是怎么回事？

我正在写的故事里，有人因燃油发动机被打开，废气进入她的房里而死亡。请问事发经过为何？致死原因是什么？我从书中读到这种死法会让皮肤呈鲜红色，真的吗？为什么？请问她失去意识后多长时间内被发现，才有机会生还呢？

罪魁祸首是燃油驱动发动机排放的废气：一氧化碳。有缺陷的暖炉或壁炉，也会因为煤气或木头燃烧不完全，释放出一氧化碳。煤气或木头完全燃烧会产生二氧化碳，也就是我们每次呼吸所吐出的气体。虽然二氧化碳过多对人有害，也具有致命性（受困在后车厢、废弃冷藏库、地窖等处会窒息而死，就是因为二氧化碳浓度过高），但二氧化碳的毒性不及一氧化碳。

红细胞含有血红蛋白，它是一种能结合氧气的含铁分子，会将氧气携带到身体各组织并释放，让组织细胞利用氧气维持运作。吸入体内的一氧化碳会迅速被肺部吸收，进入血液里，它和血红蛋白结合的能力是氧气的 210 倍。这意味着，如果吸入的空气里含有一氧化碳，血红蛋白倾向和一氧化碳结合，而不是氧气。由于细胞无法使用一氧化碳，结果就如同“窒息”。

一氧化碳结合血红蛋白，产生一氧化碳血红蛋白，导致血液呈樱桃红色。因此一氧化碳中毒而死的人，皮肤和口腔黏膜将呈鲜红色，不过也有例外。缺氧导致的蓝灰色皮肤，颜色暗沉，有时会改变来自一氧化碳血红蛋白的红色调。

大多数的死亡案例，血液中都含有 50% 以上的一氧化碳血红蛋白。不过，年长者、儿童以及慢性病患者，只要其浓度达到 25%~30% 就会丧命。慢性心肺病患者尤其如此。

解剖时，法医会根据受害者生前经历（受害者在汽车发动机运转的密闭车库里被发现）、呈红色的体内组织，以及樱桃红色调的血液，推测其为一氧化碳中毒。通常一氧化碳血红蛋白浓度超过 30%，血液才会呈现樱桃红色泽。死后血液集中的低位区（尸体朝下的部位）的皮肤最有可能出现典型的红色，不过也可能被蓝紫色的尸斑盖过。法医为确认死亡原因，会检测血液是否含有一氧化碳血红蛋白。

至于受害者失去意识后能活多久并没有明确答案，因为其中牵涉到太多变数。她的年龄、体重和健康状态、一氧化碳浓度、房间密闭程度，还有她在中毒前有无服用任何药物或酒精，有的话是什么，等等，都是需要考量的因素。

如果要给个粗略数字，我会说最多半个小时，15 分钟可能比较恰当。如果你需要大约一个小时，就给车库安排一个通风装置以提供新鲜空气，足以延迟死亡，而凶手没有发现通风装置。也可以设计一扇开着的窗户，或者凶手离开房间后，家中爱犬跑来查看，把车库的门打开。

问题 78：天然气中毒后多长时间内不会死？

我正在叙述一个谋杀未遂的桥段。故事里有个人回家后，喝得酩酊大醉，昏睡过去。接着有人溜进他家，打开瓦斯灯，吹熄火焰。请问这个人多久后会死？或者应该说，他可以在房子里待多久还不会死？

这个问题不好回答，但对于编写剧情是件好事，代表你可以有各种选择。

瓦斯对人体的影响大致取决于三方面：吸入的浓度、接触的时间以及受害者此前的身体状况。

影响浓度的因素是瓦斯喷嘴的流量、房间或房屋的大小，以及通风设备的数量和特性。一间小型套房要比 140 平方米的大房子更容易被瓦斯填满，而且受害者距离瓦斯泄漏的源头也比较近。套房的厨房和床铺通常设在同一个空间，相较之下，大房子的卧室可能位于走廊尽头或厨房的楼上。敞开的窗户、吊扇或空调系统，也能提供某种程度的通风效果，延长受害者的存活时间。当然，一旦瓦斯浓度达到一定程度，吊扇或冷气的电线回路可能引发爆炸，但这不符合你的剧情。

接触的时间不言而喻。无论瓦斯浓度高低，暴露得越久，死亡的风险就越高。

另外，需要考虑受害者的健康状态，因为患有心脏病、糖尿病和肝脏或肾脏问题，会干扰咳嗽反射，削弱受害者辨识中毒症状（咳嗽、呼吸困难、头痛、口腔异味、视力模糊等）的能力，进而降低他及早发现危险的机会。

为什么“不好回答”是好事？因为这么一来，你就有很大的回旋余地。无论是一个小时还是数小时，你笔下的受害者幸存与否，都由你决定。我不建议把受害者留在房里一整晚或一整天，尤其如果他住在一间小公寓里。大多数人在这么长的时间里，光是接触中等浓度的瓦斯就足以丧命。除此之外，你大可随心所欲地编写故事。

问题79：受困沙漠的人摄入什么物质后容易加速脱水？

在我的故事里，有个年轻男子被丢在沙漠深处，身上仅有一瓶水。他喝水之后反而脱水而死，请问水中可能被添加了什么物质？

非常简单的两个东西，酒精和利尿剂。

酒精如同利尿剂，喝过啤酒的人都了解这一点。酒精会压抑脑下垂体后叶，而垂体后叶负责产生一种抗利尿激素。这种激素会让肾脏留住水分。酒精的压抑效果会降低释放抗利尿激素的量，结果让尿量大幅增加。因此，酒精就有利尿性。

利尿剂是一类强制肾脏从血流中过滤过多水分，并产生更多尿液的药物，例如氢氯噻嗪、氨苯蝶啶－双氢氯噻嗪复合片和呋喃苯胺。氢氯噻嗪和氨苯蝶啶－双氢氯噻嗪复合片较温和，而呋喃苯胺是强效药。实际上，仅仅一剂呋喃苯胺就足以导致损失多个夸脱的水分。这就是这种特定药物有效的原因。它有时能用来救命，可有效治疗心脏衰竭和肺水肿。

在这个案例中，受害者的水中如果被加入呋喃苯胺药片，情况会更糟糕。根据温度、受害者跨越的地形、空气干燥程度以及受害者的形体、年龄和健康情况，他原本可能经历数天才会出现危及生命的脱水状态，但如果饮用水中被人添加了呋喃苯胺，这个时间可能会缩短到几个小时。

问题80：受害者遭到袭击后记忆也消失了，可能是什么原因造成的？

一位女子停车入库，在打开车门时遭到袭击，而袭击者的目的就是想让她在短时间内不省人事。在这种情况下，袭击者朝她的下巴或者下巴周围某些神秘部位来上一拳，她是否会立刻昏迷过去？她之前的记忆会消失吗？如果袭击者在其手臂上注射某种速效药，其药效可以持续一段时间，是否有可能让她在一个小时左右醒过来，同时不会对其造成永久性的伤害？

可以。袭击者攻击其头部、下巴、太阳穴甚至脖子，都可能致其昏迷。但攻击必须强有力，以致能阻断大脑的功能，使人失去意识。医学术语将这种情况称为“脑震荡”。通常情况下，受害者会在一两分钟内醒转过来，也可能时间更久一些。15分钟、半个小时，都有可能。

在某些电影情节中，主人公总是能一拳就将人打得昏迷过去，但在实际生活中，就不这么简单了，可能需要好几拳才能达到这种效果。然后主人公就会把那些已经昏迷了的狗腿子抛在脑后，就好像他从脚本中突然消失了一样，然后主人公会继续追踪大反派。你看到过多少次这样的场景了？事实上，那些狗腿子会在几分钟内醒过来，重整旗鼓，这会让主人公觉得奇怪，他原本还很肯定那些狗腿子不会再给他造成什么麻烦呢。至少，剧本中经常是这样表现的。从这个例子中可以看出，艺术并不总是在模仿生活。

按照你所说的情况，如果一个受害者在几分钟到半小时之内失去意识，那么被人朝后脑打上一拳，就可能发生。如果昏迷一小时甚至以上，只击打头部是不够的。

关于记忆丧失有一个问题，就是其不可预测性。有时候可以，有时候不可以。你提出的是“逆向型失忆症”，即记忆的“逆行”丧失。也就是说，对某些事情的记忆丧失发生在创伤“之前”。这种情况似乎不太可能发生，但的确是发生了。那些在重大交通事故中昏迷的受害者，有可能会记不起乘车离家的情形或去了什么地方。

你可以让你的受害者觉得奇怪，并且永远不能真正地看到袭击者。然后记忆就会解离。或者她也可能看到袭击者，但患上了逆向型失忆症。在后一种情形中，记忆稍后可能会回来。这可是一个很好的情节反转。

药物的问题更加难以解决，因为很少有药物会“即刻”生效。只有通过静脉注射才可能在几秒钟内生效。像硫喷妥钠之类的药物就很适合这种情况。

受害者可能会被制服，并强行接受静脉注射，但这通常会有两个袭击者，因为压制住某人的同时用针头找准静脉可不是那么容易的事。还有另一条路径跟静脉注射一样快，就是在舌头上、舌头下方或舌头周围进行注射。舌头上血管很粗，跟通过静脉注射的效果差不多。这就是为什么心绞痛的病人要在舌下含服硝酸甘油，以及为什么药物成瘾者会在血管因为用药伤痕累累的情况下，用这个区域服药。

另一个可能出现的场景是，袭击者从背后靠近，攻击其后脑，使其昏迷。然后让她服下能使其顺从的药物，阻断她的记忆。也许他需要她帮忙，以便在她的家中找到他想要的东西。

能造成这一后果的药物是咪达唑仑。它可以通过静脉注射给药，剂量为 2~4 毫克，或通过肌肉注射给药，剂量为 5~10 毫克。该药一分钟内即可起效，具有镇静作用。更重要的是，在其药效持续时间内，即 2~5 小时，受害者会完全失忆。受害者会非常容易摆布，会依从指令，可以行走或说话，表现为正常或者轻微镇静，但完全不记得发生了什么。袭击者如果击打受害者的后脑，会使其昏迷，然后在臂部或臀部注射 5 毫克的咪达唑仑，几分钟后受害者从攻击中醒转后，会处于药物的影响之下，在接下来的几小时内会不记得到底发生了什么。

问题 81：哪种有毒农药能通过起火或爆炸散发？

一艘船泊在港口，上边满载着因毒性过大而被美国食品药品监督管理局（FDA）禁用的杀虫剂。船的燃烧装置被蓄意破坏，并引起火灾。杀虫剂储罐断裂，从而产生有毒气体，在港口人群中造成伤亡。这种情况可能发生吗？如果答案是肯定的，那么船上可能装载着什么样的杀虫剂呢？

有好几种情况都符合你所描述的场景。

沙林和对硫磷都是抗胆碱酯酶神经毒素。它们会阻断胆碱酯酶，这种酶对于维持肌肉和神经的正常功能是必需的。其复杂的生理机能需要上万字才能解释清楚。幸好，你不用知道其细节，也能写出一个可信的场景。

对硫磷是一种棕黄色液体，用作杀虫剂。此外，它还是一种通过皮肤或肺部迅速吸收的气体。受害者死状凄惨。症状在30~60分钟内出现，包括瞳孔收缩，肌肉痉挛和虚弱，不自觉地抽搐、恶心、呕吐、腹泻、心律失常、皮肤灼伤以及肺水肿，然后就是呼吸衰竭和死亡。

沙林的毒性更强。皮肤上只要滴上一滴，就足以致命。它虽然不会损害皮肤，但会迅速穿过皮肤，进入血液。加热或与水或蒸汽混合时，会更加危险，因为其会释放剧毒气体。

船上爆炸起火，如果装有这些化合物的储罐因此破裂或燃烧，将会造成巨大灾难。整个港口都会发生伤亡事故。对受害者的救治非常不易，也不容易成功。

另一种可能就是狄氏剂。1974年以来，美国环境保护署（EPA）一直禁用此物，但欧洲仍在制造。此为白色结晶固体，可制成喷雾剂、粉末、粉尘，通过皮肤或肺部吸收，加热后会释放剧毒氯化物气体。在20分钟内会出现相关症状，包括头痛、晕眩、恶心、呕吐、出汗、抽搐，直至死亡。和沙林和狄氏剂一样，只能对症治疗，但效果有限。

上述这些化合物的任何一种都会满足你的要求，并且会广泛蔓延，产生惨烈的伤亡。

问题 82：有什么毒物能通过皮肤吸收吗？

据说皮肤可以吸收一些毒物，是真的吗？如果是，哪些是最常见的呢？

我们的皮肤是最大的人体器官，是一件“可以将一切囊括其中的夹克”，除此之外，它还是一种有生命的物质，会受很多事情的影响，包括内在的和外在的。很多内科病会让皮肤产生变化，来自外部的接触也一样，最常见的是日晒、碰撞、擦伤、刮伤和刺激性化学物品。

的确是这样，化学物质，包括一些药物和毒物，是通过皮肤吸收的。如今很多药物可以通过“皮肤给药系统”获取。通过贴剂，戒烟者可以获取尼古丁，心绞痛患者可以获取硝酸甘油，高血压患者可以获取可乐定，晕动病患者可获取东莨菪碱，诸如此类。

有些重金属，比如锑、汞和铅也能穿过皮肤，引起慢性中毒。DDT、氯丹、百草枯、马拉硫磷和其他杀虫剂也可以穿过皮肤的屏障，引起急慢性健康问题。氰化物也可以穿过皮肤，变成致命武器。

有一个很有趣的说法，说贝多芬就是死于铅中毒。最近针对他的头发样本进行了一次评估，发现其铅的含量超过正常值的 100 倍。他对于铅的接触可能源于使用白镴餐具和酒器、含铅的油漆或日常使用的含铅的水管。还有另一种可能的来源，就是玻璃琴。这种乐器是本杰明·富兰克林于 1761 年发明的。美国独立战争时期，他在访问法国期间，向贝多芬和莫扎特展示了这种乐器。这两位作曲家后来都用这种乐器进行谱曲。

玻璃琴由大小不同的吹制玻璃碗沿主轴排列，演奏者将潮湿的手指放在碗上时，这些玻璃碗会旋转。碗上涂有含铅的油漆，以区分不同的音符。也许侵入贝多芬体内的铅是通过其手指进入的，因为他会经常舔手指，以便使其湿润，发出不同的声音。

慢性铅中毒的症状包括精神和神经问题、耳聋，并最终死亡。听起来也比较符合贝多芬和莫扎特的情况。

问题83：曼陀罗作为毒药有什么危害？

一个成人会因为饮用曼陀罗浓茶而致死吗？

曼陀罗也被称为恶魔水仙、臭草、荆棘苹果。它通常生长在较温暖的气候中。以前它被称为詹姆斯镇草，这是因为在1666年，有战士赴弗吉尼亚州的詹姆斯镇平定“培根起义”，在食物都被吃完的情况下，吃了这种植物的浆果，结果造成了集体中毒。

该种植物呈漏斗状，开白色或紫色花，味道比较难闻。吃起来味道也不怎么样，所以用它泡茶估计不行。也许你可以考虑香气更浓一些的饮料，例如苹果酒或曼哈顿（含苦艾酒和苦精，可以掩盖不好的味道，尤其是在受害者已经喝了三四杯饮料之后）。

曼陀罗的整株植物都有毒，甚至在燃烧过后，其气体都有毒。用其叶子和（或）种子制成的茶毒性尤其强烈。其毒性成分主要是莨菪碱、东莨菪碱和阿托品。曼陀罗属于贝拉·唐娜·阿克拉洛德家族，其原型为颠茄属植物，有“致命夜影”之称。

死亡会在数小时内发生，这取决于茶的浓度和吸收量。症状与阿托品中毒一样：眩晕、视力模糊、瞳孔扩大、头痛、脉搏快而弱、嗜睡、狂躁、精神失常、局促不安、迷失方向、口干眼干、极度干渴、面色潮红、皮肤有烧灼感、癫痫发作，最终昏迷，死亡。

在医学院中，我们知道了阿托品中毒的表征和症状：

像蝙蝠一样瞎（瞳孔扩大，视力模糊）；

像甜菜一样红（皮肤会变红，有烧灼感）；

像骨头一样干燥（眼干嘴干）；

像帽匠一样疯狂（狂躁和精神失常）。

如你所见，有很多症状和征兆可以供你使用，还可以任意组合，因为每个人对毒物的反应各不相同。

问题 84：士的宁中毒的“姿势”是什么原理？

我正在构思一部悬疑小说，小说中有这么一个情节：凶手通过眼药水向受害者注入了致命剂量的士的宁，然后将其丢弃在野外，致其死亡，并被凶手掩埋。大约三周后，尸体被发现。我听说士的宁中毒会在受害者的面部造成典型的死亡微笑，皮肤发蓝，背部肌肉隆起，尸体可以很明显地呈现这种特征。是这样的吗？

我想让受害者呈现明显的士的宁中毒死后症状，这样，尸体被发现时，法医就能识别这种情况，并怀疑死因为士的宁中毒。三周后发现尸体，这个时间是不是太长了，会让读者觉得不可信吗？用眼药水注入士的宁的方法是否合理？平均需要多长时间、多少剂量才能起效并且引起疾病发作？

首先，让我们来看看士的宁。这种物质来源于多种类型的植物及它们的种子。其中之一就是生长于热带地区如印度和夏威夷的马钱子。其无色无味，为结晶性粉末，味道微苦，可以通过胃、肺、皮肤和眼结膜（粉色部分）进行吸收。

小说的毒物注入方式有个问题，就是剂量问题。士的宁的致命剂量在100~120毫克，而且如果想将粉末充分浓缩也不是件容易事。只有充分浓缩，才能只需几滴眼药水就致命。

士的宁通常在10~20分钟起效，并且效果明显。它是一种神经毒素，会攻击中枢神经系统，通常会在死亡前引起癫痫样肌肉活动。它不会导致真正的癫痫发作，这种发作源自大脑中混乱的电脉冲。更确切地说，士的宁攻击的是能够导致肌无力的神经。

受害者刚开始的症状是颈部和面部僵硬，继而出现四肢痉挛。一点儿声音或动作都会触发一波反复无常且强烈的肌肉收缩。这种痉挛性收缩会增加，然后背部的大块肌肉开始收缩，致使背部弓起（这种姿势被称为角弓反张）。这些症状类似破伤风。最后受害者会死于窒息，因为他无法呼吸。

受害者死亡时，通常会背部弓起，大睁双眼，嘴严重扭曲——被称为死亡微笑或痉笑，真是噩梦般的场景。

通常受害者因剧烈肌肉活动而导致死亡后，尸僵会立即形成，士的宁中毒即是如此，身体会保持一种姿势。尸僵迅速形成的原因是因为肌肉的强烈收缩会消耗肌内酶（主要是腺苷三磷酸）。在典型的尸僵中，肌内酶的耗尽会引起肌肉收缩，引起僵直硬化。在士的宁中毒或与癫痫活动有关的死亡中，腺苷三磷酸的耗尽会更快发生，僵直硬化发生得也更快。24 小时内，随着肌肉的分解，收缩性会消失，导致进入僵直的放松状态。

因此，你写的那个受害者会迅速进入僵直硬化的阶段，并保持这种“士的宁姿势”——即弓背、扭曲的笑容、大睁双眼——长达 12~24 小时，然后尸僵开始缓解，肌肉松弛，面部和身体也开始放松。所以，你说要用三周的时间，是行不通的。他看起来会和其他三周以上的尸体一样，法医必须进行毒理检验才能在受害者体内查出士的宁的存在。

问题 85：士的宁对人和不同动物的致命剂量是多少？

我有个问题，是关于将士的宁作为毒药的问题。要毒死一只田鼠、老鼠、猫、狗、猴子、人，分别需要多少剂量？我想让凶手先做些实验，再最终给受害者下毒。

对成人的致命剂量在 100~120 毫克。成人平均体重为 70 千克或 154 磅左右（1 千克 =2.2 磅）。这样计算出来，致命剂量是每千克 1.4~1.7 毫克，或每磅 0.65~0.78 毫克。所以说，如果我们按平均致命剂量每磅 0.7 毫克计算，可估算出下列致命剂量：

2 盎司（0.05 公斤）的田鼠： 0.09 毫克

1 磅（0.45 千克）的老鼠：0.70 毫克

8 磅（3.62 千克）的猫：5.60 毫克

15磅（6.80千克）的狗：10.50毫克

25磅（11.33千克）的猴子：17.50毫克

180磅（81.64千克）的人：126毫克

这种计算的假设是，士的宁在这些不同种类的哺乳动物身上所起的作用相同，实际上有可能确实如此。不管怎样说，这些都是大概的数字。

问题86：受害者因胃胀而死，可能是什么毒物所致？

我正在写一个短篇，其中受害者是个孕妇，因胃胀而死。不管是什么毒物，都必须放入饮料中。请问铅中毒会导致迅速死亡吗？我曾经看到过，铅中毒的效果缓慢，而且是渐进式的。对胎儿有什么样的影响？哪种铅的来源最容易混入饮料中？

铅可以用作急性毒药，但更偏重于累积。长期接触会引发各种健康问题，并最终导致死亡。大剂量口服足以致命，不过要想混入饮料中就比较困难。毒性形式可以是碳酸铅、一氧化铅和硫酸铅。毒性最强的是砷酸铅，因为它含有砷。它是一种白色粉末，几个农药和医用驱绦虫药都含有这种成分。它可以溶于饮料中，达到你所说的目的。砷也可以。很多世纪以来，它都是一种很流行的毒药，而且如你所知，非常老套，但却致命。

急性砷中毒会导致胃肠道破裂出血。它会使血管恶化，导致渗漏，引起胃肠出血和肺水肿（肺中聚积了液体）；同时可能会发生呕吐、腹痛、腹泻（有时便血）；最后神志不清、癫痫发作，昏迷乃至死亡。

另一种可能就是汞。它存在于温度计和一些电池中。汞蒸气的吸入比摄入的效果要好。其沸点很低，大约在 40 摄氏度或 104 华氏度。（水的沸点在 100 摄氏度或 212 华氏度。）

如果煮沸含有汞的水，让蒸汽进入空气中，受害者吸入这种空气，就会很快死亡。症状包括恶心、呕吐、腹痛、流口水、发热、咳嗽、呼吸短促，嘴里有金属味。几乎是立刻就能起反应。而摄食的反应时间约为半个小时，即摄食半小时后才能出现上述症状。

还有一个可能就是四氯化碳。它是一种无色液体，但有独特的、很冲的味道。它的中毒症状包括腹痛、恶心、呕吐、眩晕、意识不清、呼吸短促、休克、昏迷，直至死亡。其沸点同样很低，因此如果制成上述的蒸气，立即就能够使人中毒。其沸点在 77 摄氏度或 171 华氏度。

上述这些都可以毒死胎儿，当然，如果受害者死亡，胎儿也会死亡，除非进行急性剖宫产手术。

尽管上述这几种物质，每一种都会起作用，我还是认为汞或四氯化碳危害更大。

问题 87：死帽菇有多致命？能给人带来怎样的伤害？

在我写的故事里，凶手通过给受害者喂食死帽菇的方式行凶。我想知道这种蘑菇多久可以起效，受害者在死亡之前会有什么反应？

死帽菇是最危险的一类蘑菇。实际上，整个伞形毒菌科的植物都应尽量避免。其他有毒的物种包括傻瓜蘑菇、死亡天使和小死亡天使。

死帽菇生长在美国东南部，喜潮湿的林地环境。其他蘑菇喜干燥的松林或混交林以及草坪。它们的伞帽颜色不尽相同，美国海岸地区和欧洲是从浅绿色到橄榄黄色，美国其他地区则是白色或浅棕色。伞帽的下方都有白色的褶皱和白色的孢子。

死帽菇毒性很强，一株即可致命。这些蘑菇中含有的毒素主要有两种，即鹅膏毒素和毒伞素，前者会导致血糖下降（低血糖症），而后者会对肾脏、肝脏和心脏造成损害。症状发作较慢，通常在摄入6~15个小时后发生，但也可能延长到48小时。一般来说，症状发作越晚，生还概率越小。这是因为毒物会即刻作用于肝脏和其他器官，但症状发生得迟会延迟寻求医疗救助的时间。

刚开始的症状是胃痛、恶心、呕吐和便血。当扩散到肝脏时，黄疸会将皮肤染成黄色，受害者会陷入昏迷。当扩散到肾脏并且由于呕吐和腹泻造成脱水时，血液中钾的水平会激增，导致心脏骤停和死亡。

医疗处置通常不会起作用，因为就像上文说的一样，当你寻求帮助的时候，毒物已经进入身体里，并且开始起作用了。不管怎样，治疗的第一步就是洗胃，去除残留的蘑菇。只有在头4~6个小时内，这一步才会有所帮助。过了这段时间，蘑菇已经被消化，就不在胃里了。受害者会接受血液检验，以确定是否有低血糖症、钾的水平是否过高，以及肝脏和肾脏功能是否异常。一旦出现这些问题，就要立即处理。否则，就只剩下希望和祈祷了。

有些蘑菇作用更快，比如黑豹蘑菇或毒蝇菇。它们都是伞形毒菌科的成员。它们的颜色不尽相同，从黄色、红色、橙色到灰棕色，而且通常伞帽上有白色斑块。

这些蘑菇含有不同的毒素。胆碱和蕈毒碱会造成血压下降（低血压）和心率下降、恶心、眩晕、大量出汗、流口水、流眼泪以及腹泻。鹅膏蕈氨酸和蝇蕈醇会导致眩晕、头痛、癫痫发作、视力模糊、肌肉痉挛、失去平衡、昏迷、呼吸衰竭，直至死亡。

通常症状在摄食 0.5~3 小时后发生。处置方法和上述措施类似，只是还要加上阿托品的使用，以便阻断蕈毒碱和胆碱的作用。阿托品必须通过静脉注射。通常情况下，如想将心率和血压维持在正常水平，每小时需要注射 0.5~1.0 毫克的阿托品。

问题 88：在 19 世纪，有哪种药物可以让人在清醒的状态下听命于他人？

我写的故事发生在 1889 年的欧洲，主人公要通过铁路运输一名囚犯。有什么药物可以让受害者在长达一周的铁路旅程中处于有部分行动能力但无法逃脱的状态？

我觉得你最好选择一种鸦片衍生物。鸦片酊和吗啡的使用都很广泛。实际上，在 19 世纪后半叶的英国，鸦片酊、鸦片和吗啡是用于自杀的很最普通的药物。这些药物通常被用来镇痛、镇静、安抚大哭不止的婴儿。不像现在，那时候它们并非“管制类物质”。直到 1909 年，一个国际委员会迈出了管控鸦片的第一步。

鸦片酊可能是伟大的物理学家帕拉塞尔苏斯首先创造出来的，柯尔律治（1772~1834）和沃尔科斯科特爵士（1771~1832）是最早对其上瘾的人，他们用这种药物缓解长久以来的腹痛，这种腹痛可能来源于慢性胆囊疾病。

鸦片是一种白色粉末，而鸦片酊则是液体。这两种东西都可以加入食品饮料中。受害者会嗜睡、无精打采、可被操纵，可以按照期望的效果轻松地调整剂量。万一受害者开始“醒来”，可以再来一剂。罪犯可以故意将受害者的症状归结为疾病而非药物，几乎不会引起别人的怀疑。如果给药停止，受害者可以恢复到正常状态，可能对刚才发生的事只有一个模糊的印象。

问题89：在中世纪的欧洲，什么毒药比较常见？

我故事里的投毒者生活在中世纪，那时候有些什么平常的毒药可以供他使用？它们的效果怎样？

在中世纪和中世纪之前，有很多很有效的毒药。比较常见的包括以下几种。

砷：砷是一种金属，纯砷在颜色上发灰。它们通常存在于三氧化二砷中，这是一种白色粉末状的物体。砷可以很容易地混入食品中，很难被发现。

邪恶的意大利公主凯瑟琳·德·美第奇最喜欢用这种毒药，也明目张胆地使用过托法娜仙液作为美白化妆水，即砷和斑蝥素的混合物。

急性中毒会引起强烈的胃烧灼、恶心、呕吐、便血。受害者血压下降，变得虚弱、眩晕、发冷、湿冷、意识不清，也可能会癫痫发作。在遭受这些痛苦而且剧烈的变化之后，死亡就会降临。

颠茄：这种植物也被称作致命夜影。颠茄中的活性化学物质之一就是阿托品。阿托品这个名字来源于希腊女神阿特洛波斯，她负责切断人的生命之线。其他活性物质包括东莨菪碱、莨菪碱和天仙子碱。

颠茄的效用之一是使瞳孔扩大，它也因此而得名。女士们会在每只眼睛中滴上一滴，用来扩大瞳孔，让自己变得更漂亮。颠茄就是“美妇人”的意思。

吞服时，植物的所有部分都有毒，症状会在摄食后的一小时左右发生。阿托品中毒的迹象和症状包括瞳孔扩大、视线模糊、口眼发干、发热、皮肤潮红、腹部绞痛、意识不清、迷失方向、癫痫发作和心脏骤停。

斑蝥素：也被称作西班牙苍蝇。为无味白色粉末，可以轻易地混入食品饮料中。摄食后，症状会立即显现。斑蝥素对于每一个与其相接触的组织都具有强烈的刺激性，当其通过肾脏过滤到血液中时，会刺激尿道，感觉上有些像春药。剂量大的话，会引起胃肠道和尿路的强烈烧灼感和起泡，并可导致腹痛、恶心、吐血、便血、排尿痛并带血、痉挛、脉搏加快、血压下降、休克，乃至死亡。

毛地黄：这是一种很漂亮的花儿，也被称作仙女帽、仙女钟、仙女顶针。这些植物是心脏药物洋地黄的自然来源，在长达一个世纪的时间内一直都在使用，用来处置心力衰竭和某种心律失常。

该植物的所有部分都有毒。中毒后，症状会在半小时内发生。

受害者会出现头痛、恶心、呕吐、肌肉痉挛、呼吸短促、眩晕、心悸，并最终死于心脏骤停。

毒芹：据说这就是杀死苏格拉底的那种毒药。这种植物的所有部分都有毒，尤其是开花时节的果实。其活性毒素为毒芹碱，是一种可以麻痹肌肉的神经毒素，很像箭毒。症状在半个小时内发生，但死亡需要几个小时的时间。

通常最先出现的症状就是渐进式肌无力，紧随其后的是肌肉疼痛及麻痹，直到出现呼吸肌衰竭，最后受害者会窒息而亡。

天仙子：也被称为莨菪根、恶臭夜幕和毒烟草。植物的所有部分都含有莨菪碱，这种化学物质同样存在于颠茄中，因此天仙子中毒的迹象和症状类似于阿托品中毒。症状通常在15分钟左右发生。

有毒的蘑菇也俯拾即是。

问题90：摄食大黄会有什么后果?

在我写的故事里，有个角色食用了搅碎并掺入沙拉中的生大黄叶，有人用这种方法毒杀她。她多久会有反应？会有什么样的反应？如果送她去医院，会接受怎样的治疗？是否有长期并发症？恢复期有多久？

大黄中含有草酸，是导致中毒的有毒物质。它存在于叶子中，而对于某些大黄亚种来说，存在于茎中。草酸通过两种方式制造麻烦：第一种是因其刺激性效应造成的表面伤害，第二种是“内部伤害”，发生在大黄被身体吸收之后。

草酸对胃肠道具有很强的刺激性，并引起嘴、嗓子和食道的疼痛，同时也会导致身体虚弱、呼吸短促、胃痛，并伴有恶心、呕吐，可能会出血。由于症状迟发，受害者可能在食用叶子之后的数小时内都不知道发生了什么。这种拖延是让大黄如此凶险的部分原因。如果呕吐现象发生得快一些的话，“内部”伤害会少一些，因为呕吐会把胃清空。吸收的草酸量直接决定了大黄能在胃中存在多久。时间越短，吸收得越少，“内部”问题就越少。

这些“内部”问题为草酸的化学特性所致。一旦草酸进入血液之中，就会与血液中的钙发生反应，形成草酸钙。这种反应会“消耗”血液中的钙质，把钙的水平降到低点。由于钙对维持心脏的电功能至关重要，因此水平过低的话，会引起心脏骤停以及死亡。同时，因为这种反应而在血液中生成的草酸钙会通过肾脏过滤，从而“阻塞”微血管，对肾脏造成严重损害，引起尿路烧灼感，并导致肾脏功能的永久性缺失。可能会需要透析和（或）肾脏移植。

治疗的第一步就是将胃里剩余的植物排空，并“中和”胃里的草酸，防止其被吸收。越早进行这一步越好。强迫呕吐、使用催吐药或洗胃可以去除植物残留。最常用的催吐药是吐根酊。口服几汤匙吐根酊就会在5~10分钟内引起呕吐。然后可以喝一些牛奶或其他含钙的液体，或通过洗胃管喂食。这样就可以在草酸被吸收之前将其“包”起来，或者与之反应。通过这种方法，草酸钙就会在胃里形成，可以被洗掉，而不是在血液中形成，那样会导致最坏的结果。

也可以通过缓慢静脉滴注的方法将钙以葡萄糖酸钙的形式注入受害者体内，以便将钙的水平提升至正常范围。给予大剂量静脉滴注，“冲洗”肾脏，赶在草酸损伤肾脏之前将其去除。

在急诊室里，医生可能会通过受害者的鼻子插入一根厚重的橡胶胃管，直达胃部，用牛奶或柠檬酸钙对胃部进行清洗，还会放上一个静脉滴注瓶，用来滴注葡萄糖酸钙注射液以及若干升的D5NS（5%葡萄糖生理盐水）。医生会对受害者进行血检，评估其肾功能和血钙水平；会立即给受害者做心电图，并将其送入ICU，以便监测心律。

是否存在预后和长期健康问题，取决于暴露的程度和处置是否迅速。如果处置及时有效，没发生心脏和肾脏并发症，并且没有长期健康问题的话，她最快可以在24小时内恢复。否则，她会遭受心脏骤停，并接受心肺复苏术。她可能会肾衰竭，需要短期或长期的透析，以后可能还需要肾脏移植。

问题91：硒是否是一种毒药？

我最近看到一起跟硒有关的谋杀案，也想在我目前写作的小说中用到这种物质。什么是硒？作为毒药，它是怎么起作用的？中毒后的症状怎么样？如果受害者生还，需要怎样医疗处置？

硒是一种非金属元素，和硫、氧、钋和碲同属一个化学家族。它是维持生命必不可少的一种元素，缺硒会导致很多种健康问题，最重要的就是心肌病（心脏肌肉无力）。有趣的是，第一个发现硒中毒的竟然是马可·波罗，他将这种病称为腐蹄病，是发生在马身上的一种病，这种马生活在新疆的南山和天山地区。这个地区的土壤中富含硒。

尽管在工业条件下确实会发生硒中毒，但这种中毒还比较罕见。它主要应用于玻璃、陶瓷、光电管、半导体、钢和硫化胶的制造。毒性最强的形式是二氧化硒和硒酸。

急性中毒通常是致命的。摄食或吸入二氧化硒或硒酸可以导致血压的急剧下降，因其毒性会作用于心脏肌肉，也可引起全身血管的扩张，导致心脏骤停和死亡。皮肤、口腔黏膜和肺黏膜都会出现强烈的烧灼感，可能会导致出血和肺水肿。牙齿、头发和指甲会出现红色色素沉着，呼吸中有蒜味，这些都是急性中毒的典型症状。

长期但是低水平的暴露会导致慢性中毒。受害者的皮肤会呈现红色，并且会出现瘙痒性头皮皮疹。头发会变得枯干易折或脱落。指甲也会变得枯干，呈现出红色或黄白色的横线或纵线。呼吸闻起来有蒜味，受害者会抱怨说嘴里有金属味。恶心、呕吐、乏力、易怒、情绪波动、抑郁、战栗以及肌肉压痛都可能会发生。

硒中毒的诊断，不管是生时检验还是死后验尸，都要对受害者的血液和尿液进行检验，以确定硒的水平是否上升。验尸时，调查结果通常包括肺和肾脏内的淤血、斑疤痕以及心脏扩张、脑水肿以及皮肤和内部器官的橙棕色变色。

如果受害者生还，则医学处置包括停止任何慢性暴露，并使用肌肉注射剂量的二硫丙醇。二硫丙醇会作为螯合剂使用，它可以将硒黏合在一起，通过肾脏将其排出体外。常规方案是在两天之内，按照人体的体重，每千克注射 3~5 毫克，每 4 小时注射一次，第三天，每 6 小时注射一次，并在接下来的 10 天中，每 12 小时注射一次。

如果一个人的食品或饮料中被加入几汤匙硒酸，会在几个小时内中毒死亡。日复一日地这加一点那加一点，就会形成慢性中毒。受害者会逐渐生病。他会食欲全无，体重下降，恶心呕吐；他的头发会掉光，变得虚弱不堪，呼吸短促；他会变得易怒，手会发抖；他可能会出现心力衰竭和肺水肿。如果他去看医生，可能会被误诊为心脏病或肠胃炎，甚至流感。在处置上，他可能会用上洋地黄和利尿剂，建议受害者多喝水、服用阿司匹林，以及好好休息。情况继续发展下去，受害者就会收治住院，在医院里死于渐进性心力衰竭。

问题92：受害者在饮用了掺入阿普唑仑的酒后多久会死亡?

我笔下的人物将阿普唑仑片剂碾碎，将粉末掺入另一个人的苏格兰威士忌中。阿普唑仑会不会很快与酒精发生反应，抑制中枢神经系统？有害剂量是多少？受害者对这种混合物是否会即刻产生反应（呕吐）？当这个人陷入无意识状态时，其典型症状是什么？死亡会在多久后发生?

阿普唑仑属于苯二氮卓类，是一种短效镇静剂。相对来讲，这是一种“安全的”镇静剂，但和酒精混在一起时则会致命。当然，这同时取决于阿普唑仑的剂量和酒精的剂量，以及受害者潜在的健康问题、体型和年龄。有慢性肺病或心脏病的人比身体健康的人更易受影响。

阿普唑仑是一种椭圆形片剂，每片为 0.25 毫克（白片）、0.5 毫克（粉红色）和 1 毫克（浅蓝色）。也有长方形的白色药片，每片 2 毫克。它很容易被溶解，能很好地被胃肠道所吸收。在摄食 1~2 小时后，药效达到顶峰，但药效的初显会少于半个小时。

现在回答你提出的问题。

是的，这种药反应迅速。如果受害者之前饮用了大量的酒，半个小时或更少的时间就会发生反应。受害者会变得慵懒、言语不清、协调性差、意识模糊。他走起路来会摇摇摆摆，甚至跌倒。他说话会很慢，结结巴巴，说出的话前言不搭后语。总之，他看起来醉醺醺的。然后他会很快失去意识，呼吸会减慢，最终停止。死亡会在随后的几分钟内发生。

整个过程的快慢，取决于许多因素，但一般一个小时就会起效，最短则需要 30 分钟。

阿普唑仑一般摄入很多片才能起作用。当然，这取决于受害者喝了多少酒。如果在他喝掺药的酒之前就已经烂醉如泥了，阿普唑仑的致害剂量就会少些。

问题 93：表演喷火的魔术师突然戏剧性死亡，他的“燃料”里可能被人加了什么？

在我的故事里，一名在马德里街头表演喷火的艺人遇害，罪犯的作案方法是替换他含在嘴里然后使劲喷出使其燃烧的透明液体，或在这种液体中加入某种物质。由于他实际上并不会吞食这种液体，因此这种东西要非常致命，且无色透明，并且液体进入口中没有立即被发现。同时，死亡很快发生，而且充满戏剧性。

你可以假设氰化物。它极其迅速、危险，并且有害。受害者会突然变得呼吸短促，紧抓自己的胸部，好像心脏病发作一样；可能会癫痫发作，口吐白沫，倒地身亡。由于氰化物是一种“代谢毒物”，也就是说，它会毒害身体的细胞，使其无法使用氧气，即使有些旁观者会立即对其采取心肺复苏或其他施救措施，但受害者无论怎样都会死亡。有效的心肺复苏会为机体组织提供血液和氧气，但氰化物会阻止这些组织使用氧气，因此死亡的结果无论怎样都会发生。

氰化物是粉末状的，包括氰化钾和氰化钠。它可以轻易溶解于大多数液体中，只需微量即可致命。它闻着尝着都有一点儿苦杏仁味，在易燃液体中很难察觉到。

根据你描述的情景，“喷火者”将掺了毒物的液体吞入口中，在几秒钟后就会抓挠自己的嗓子或胸部，吐出液体，大口喘息，呼叫救命，突然倒地（可能会癫痫发作，也可能不会），很快死亡。

但操控氰化物的人如果让其接触到自己的皮肤就会自食其果，因为它可以通过皮肤进行吸收。

第八章　医疗谋杀

问题94：正在接受心脏手术的人要避免受到什么伤害？

我正在写一个关于医院的情景，需要您的指点。坏蛋决定杀掉一个非常成功又有势力的敌人，那人正在医院接受心脏绕道手术。他们的计划是破坏医院的主电源和备用电源，这样做，除了目标之外，还会使整间医院甚至走廊上的所有病人都身处险境。

那么现在我的问题是：医院的供电网和备用供电系统有没有可能被他破坏？在心脏绕道手术的过程中，什么时候断电最致命呢？

大部分医院都有备用发电机，当突然出现断电这种情况的时候，发电机便将自动开启。我想，这些系统绝大部分是由电脑控制的，那么坏蛋有可能采取了以下几种方法。

他可能黑掉了电脑系统，那样他就可以随心所欲地成功关掉主电源和备用发电机了。高手黑客可以操控控制程序，发出指令便可关闭电源。通过无线数据机便可以对此进行远程控制。

或者，他也可能松开或破坏备用发电机，然后通过切断医院的电力输入线或破坏地方发电厂来切断主电源。这样就可以让整间医院停电，不过这样做他还不能达到目的。

进行心脏手术时，一般患者身上都会接上体外循环机（俗称心肺机），在术中它可以代替患者的心脏和肺脏循环血液和输送氧气。心肺机的动力泵有电才能运转，但是为了防备断电情况的发生，这些装置不仅有内置备用电池，还有手动发电系统。这就意味着坏蛋会在心肺机上做文章，比如破坏或拆除心肺机的电池或电线，捣毁手动发电系统的齿轮或转动轮。

通常，心肺机会被安置在医院手术室里，那里属于门禁管制区。不过，熟悉医院环境的人也能偷偷溜进去，尤其是晚上值班人员很少的时候。

再或者，他有可能会安排一名内应。内应最合适的人选可以是后勤部门的人，或者是负责操作心肺机的技师。

后勤部门负责保养和维修医院内的多数医疗设备。有些技师什么都会修，而有些则会经常找制造商的维修人员，或是独立的生物医学维修公司来维修。他可以找医院的一位技师当内应，或者找外来的技师当共犯，这两种途径都有可能。

多数大型医疗中心有自己的心肺机技师，然而小型医院在需要时会找外部公司的技师，这些技师工作采用计件制。院内技师可在机器闲置时，轻而易举地动手脚，但对于外包技师来说，想要对机器做手脚就困难多了。因为他只有在接到案件时才能进手术室，现场还有许多正在为手术做准备的护士和技术员，他得相当精明才有办法破坏备用电力系统。这个办法可行，只是有难度。

手术期间破坏电源供应最危险，因为那是患者最脆弱的时候。

在患者开始接受心脏绕道手术（开始使用心肺机）之后，坏蛋如果在这个时候实施谋杀计划，那么断电可能会带来致命的风险。在手术期间，患者的心脏因为血液降温与施用高剂量的钾而停止，专业术语称为“冷心脏停搏”。手术完成后，心肺机重新加温血液，将钾洗净，然后心脏将恢复自主跳动。这个过程需要10~15分钟甚至更久才能完成。

如果电源和备用电力都不起作用了，外科医生只能通过“体内心脏按摩”这一方式保持血液流动，维系患者的生命。体内心脏按摩其实就是外科医生用手有节奏有规律地挤握心脏。再给患者输入加温血液与静脉输注液，以使患者“回温”并冲淡钾。这么做会有难度，在没有心肺机的协助下，这个过程可能需要长达半小时至一小时的时间。这就是外科医生挣钱多的原因。急救失败必将导致患者死亡。

这时候患者如果要活下来，外科医生必须迅速给他输注加温血液和点滴，缝合正在处理的冠状动脉和胸腔，然后以最快的速度将他送到重症监护室。与此同时，后勤人员会拼命地修复机器。

问题95：正在接受抗癌治疗的人摄入多少剂量的吗啡会毙命？

我笔下的受害者是一名转移性肺癌晚期的患者，他在家中通过静脉打点滴注射吗啡。对于一个76岁、重145磅（约66千克）的男性来说，吗啡的正常剂量是多少？剂量加倍会造成用药过量致死吗？

转移性肺癌是一种非常痛苦的疾病。由肺脏发起的癌症通常会转移到肝脏、脑部和骨头上。癌症转移到脑部容易在颅内密闭的空间内增长，也会引发周边脑组织肿胀，颅内压升高，造成不间断的剧烈头痛。转移到骨头上，比如肋骨、脊柱，也会极度痛苦。因此，患者常用硫酸吗啡、杜冷丁、氢吗啡酮及其他麻醉剂止痛。对于一位癌症晚期的患者来说，药物成瘾的风险已不再重要了。

所选择的止痛剂可以通过间歇性注射，或采用“全自动”方式输注给患者。在此类情况下，通常采用不间断输液泵和病人自控式止痛术（简称 PCA）。前者顾名思义，就是不间断地给患者输注含有镇静药物（通常是吗啡）的液体。PCA 则是一种静脉投药系统，即由医生提前开立药量范围，而患者在此范围内自主控制投药的时间。施行方式是将一根装满吗啡的针筒放进自动注射器，而此注射器和病患的静脉注射线相连。当患者按下手持按钮，注射器就会注射指定剂量的药物。设定好的参数将限定患者每小时能“要求”的药量，但只要在此范围内，患者便可根据自身需要决定用多少。

和许多药物治疗一样，吗啡的剂量是按体重计算的。多数患者的用法用量是每小时每千克 2.0~2.4 毫克，然后按需逐渐增加剂量。因 1 千克等于 2.2 磅，而受害者是 145 磅，经换算大约为 66 千克，那么他的给药用法用量为每小时 13~26 毫克。然而，患者在进行了数周甚至数个月不间断的滴注或 PCA 后，会产生对药物的耐受性，如同上瘾一般。因此，为了达到同样的镇静与止痛效果，所需要的剂量会越来越多。有些产生药物耐受性的患者每小时的需求量可能高达 500 毫克，而这个剂量足以杀死一个对此药物未耐受的极强壮之人。

高剂量吗啡能抑制呼吸，降低血压。如果施用足够量的话，受害者会停止呼吸，血压降至极低，最终将死于呼吸中止和休克。多少剂量才能杀死一个人取决于投递率、受害者自身的健康情况，以及他是否对该药物产生耐受性。

如果凶手将剂量加倍，仍不一定会致命。举例来说，假设受害者原本每小时使用 60 毫克，如果将施用剂量增加到每小时 120 毫克（2 倍）可能还不会致死，尽管这个剂量肯定能杀死一个癌症晚期的虚弱男人。如果凶手将使用剂量提高到每小时 240 毫克（4 倍），维持此用药频率半小时至两三个小时，受害者可能会被杀。

另外，如果是采用单次注射，再多加 24~40 毫克应该就会致命。原本每小时 60 毫克的静脉滴注，相当于患者每分钟接收 1 毫克。加大剂量，在短短几秒钟内注射 20~40 毫克，可能会杀死受害者。吗啡推注发挥作用迅速，只需短短一分钟左右，也就是说，凶手将剂量从每分钟 1 毫克大幅增加到每分钟 41 毫克，这可能会使受害者立刻停止呼吸和休克。

所以，在此情景中，凶手可能会选择增加施用率（通过提高滴注速率，或提高输注液每毫升的药物浓度，或双管齐下），或以推注的方式施用药物。

除此之外，肺癌患者通常肺都比较虚弱，这不完全是因为癌症，还因为手术摘除了其中一部分或整个肺，以及放疗或化疗都会破坏好的肺脏组织。因此，就算少点剂量也能杀死受害者。

问题96：输血反应是否会置人于死地呢?

在我这个故事中，一名年长又身患重病的男子被护士谋杀了。护士将要给他输的血液调包，从而引发输血反应，致使该男子死亡。请问输血反应是怎么发生的呢? 此类受害者会有哪些症状呢?

输血反应的症状有许多种。轻者如皮疹或发冷与发烧，重者可能致人死亡。让我们先来了解一下这些不良反应发生的原因。

红细胞携带氧气将其从肺部输送至各个组织，再将这些组织里的二氧化碳运送到肺部。红细胞内的血红蛋白负责这套工作。红细胞表面还有许多抗原，这就是各种输血反应发生的原因。

抗原有两种：A抗原和B抗原。我们的血型（ABO血型系统）便是由此衍生而来。A型血的人，红细胞上只有A抗原；B型血的人只有B抗原；AB型血有A、B两种抗原；O型血则两种抗原都没有。

这看似简单，但是血清里含有抗体。这些抗体与输入血液的抗原发生反应，就是输血反应产生的原因之所在。

A型血血清中有抗B抗体，B型血血清里有抗A抗体，AB型血血清没有任何抗体，O型血血清同时拥有抗A抗体和抗B抗体。

血型	红细胞上的抗原	血清里的抗体
A型	A抗原	抗B抗体
B型	B抗原	抗A抗体
AB型	A抗原与B抗原	无
O型	无	抗A抗体与抗B抗体

当向有相应抗体的人体内输入含此抗原的血液，就会发生输血反应。举例来说，A 型的人（血清中有抗 B 抗体）输入了 B 型血（红细胞上有 B 抗原）或 AB 型血（A、B 抗原兼具），就会产生不良的反应，因为受血者血清中的抗 B 抗体，将与外来红细胞上的 B 抗原发生反应。这便是输血反应（本质上属于过敏反应），它会引起血液细胞凝集，释放多种有害的化学物质，而这种过敏反应症状之所以产生就是因为这些化学物质。

不仅这样，血型配对还有一堆其他抗原、抗体问题，因此输血反应变得更加复杂。抗原如众所周知的 Rh 因子，它分为阳性和阴性，还有一些抗原多半是在医生发现它们之后才为之命名。医学上，通常仅用 ABO 和 Rh 血型系统表示一个人的血型。比如 A 型 Rh 阳性血的人为 A 型血，含有 Rh 抗原；而 O 型 Rh 阴性血的人则是 O 型血，但没有 Rh 抗原。

因为可能造成问题的抗原种类有很多，在输血之前，血液需经过血型交叉比对。对受血者的血液和即将输入的血液进行试验，检验是否存在任何抗原和抗体可能造成血液的不相容，进而引发输血反应。在非常紧急的情况下，如枪击、刺伤或车祸，患者会因流血过多而亡，并且没有足够时间做完整的交叉比对，这时医生将使用“同型配对”进行输血。确定一个人的血型只需几分钟，而交叉配对则可能要数小时之久。在这些案例中，A 型血的伤患接受 A 型血液，然后结果怎样就只能看运气了。

在你的故事情节中，我建议你将受害者设定为 A 型血，然后安排护理人员把血液调包成 B 型血，此举肯定能引发不良反应。受害者会发烧、寒战、全身起弥漫性不规则的红疹。症状有时在几分钟内出现，有时会延迟好几个小时。这类输血反应可能不会致死。

不过你可以安排受害者并发全身过敏性反应，也就是除了上述症状之外，再加上脸部、嘴唇和手脚的肿胀、呼吸短促、低血压、严重休克伴有皮肤苍白、冰冷、湿腻，以及嘴唇、手指和脚趾发蓝（医学上称发绀），最终患者会心跳骤停而亡。这是最严重的过敏性反应，在输血之后极短的时间内就可能发生。

即便受害者在过敏性反应中幸存，他的肾脏也极有可能遭受严重且不可挽回的损伤，必须接受血液透析。肾脏受损是因为它试图将血中凝集的红细胞滤除。红细胞内血红蛋白分子中所含的铁，对肾脏组织而言有极强的毒性。

问题97：凶手有没有可能通过改造蜂蜇急救包来杀人呢？

我在写一个场景，受害者对蜂蜇过敏，在使用蜂蜇急救包里的注射剂后身亡。请问哪种物质在与蜂毒血清里的药物结合之后，会引发致命危险？

过敏者遭受蜂蜇之后所发生的致命过敏症状，被称为过敏性反应。严重的过敏反应会导致肺部支气管（呼吸管或气道）痉挛，就像严重的哮喘发作，使人呼吸短促与喘息。过敏性反应也会使患者的血压大幅下降，引发休克。如果患者得不到及时救治，便会迅速死亡。

过敏性反应和其他过敏反应的常见过敏原，包括抗生素（如盘尼西林、磺胺）、局部麻醉剂（如利多卡因）、普鲁卡因、抗血清（如伽马免疫球蛋白、破伤风）、食物（如坚果、贝类及甲壳类、蛋）、碘（用于特定 X 光射线检查），以及昆虫（如黄胡蜂、蜜蜂、火蚁）叮咬。当过敏者接触到过敏原物质，可能即刻引发剧烈的不良反应。

紧急治疗方法是注射肾上腺素，这是过敏者应随身携带的药物，而它就在蜂蜇急救包里。肾上腺素能即刻逆转过敏进程。接着再将患者送到医院，使其接受进一步的治疗。典型的治疗方法包括提供氧气、降血压药物、抗组胺药物，以及类固醇。

凶手杀掉受害者的一种可能，就是用水代替肾上腺素。这样受害者就会死于蜂蜇了。

另一种可能是在肾上腺素的浓度上做手脚。如果降低浓度受害者有可能会撑到医院，增加浓度则是致命的。

肾上腺素的作用基本上就像毒品“快速球”，输入的剂量过高会导致血压显著上升，心率出现剧烈变化，这将会使受害者当场死亡。紧急蜂蜇急救包里的肾上腺素自动注射针含有 0.3 毫克的肾上腺素。意思就是说，每毫升的此类药物里含有 1 毫克肾上腺素。所以，注射 0.3 毫升等于注射了 0.3 毫克的肾上腺素。

将剂量提高到 5~10 倍，即 1.5~3.0 毫克的肾上腺素，凶手就会得逞（受害者会因心律不齐而死亡），通过静脉输注见效更快。以你设想的情景为例，凶手通过施打多剂药物（实际上行不通），或者改变注射药物的浓度，都可能达到犯罪目的。使用较高浓度的肾上腺素可能奏效。如果验尸官检查注射器，很可能会查出药物的浓度有问题。不过这事儿也有可能不会发生。

如果凶手添加类似快乐球的药物也能达成目的，因为肾上腺素和另一种药物的效果会相辅相成。这些药物大多不难得到，比如，可卡因（和像肾上腺素的安非他命混用，就成为“快速球”）、结晶冰毒以及摇头丸（其成分为亚甲双氧甲基安非他命）都有可能。

这会造成血压及心率骤升，导致受害者突发心脏病；除此之外，这些药物可使冠状动脉痉挛，也可能导致心脏病发作，或是使心律产生剧烈变化而致命。可卡因和结晶冰毒会引发冠状动脉痉挛和致命性心律不齐，这些是人所共知的。受害者在接受“快速球”注射之后，将感觉到一阵温暖与潮红，心跳加速，他可能因胸部憋胀而抓住胸口，最后身体倒下。如果在瞬间内引发心律不齐，受害者便会直接倒下，事先不会有任何症状。

问题98：凶手会不会利用胰岛素来杀人？他会怎么做？

请问用胰岛素杀人容易吗？我知道不能口服胰岛素，但凶手会不会通过静脉注射呢？胰岛素过量在验尸时会被发现吗？一个没有糖尿病的成人，摄入多少胰岛素会致命呢？

胰岛素是人体所必需的，它是由胰腺上被称为胰岛细胞的专门细胞分泌产生的。胰岛细胞不停“读取”血液中糖的浓度，并在人体需要时分泌胰岛素。人体细胞需要胰岛素，以便从血液中摄取糖分，代谢（分解）糖分，产生热量。

胰岛素不足，或是胰脏分泌胰岛素的系统出现故障，这些都会引发糖尿病。如果不予治疗，会引起血糖上升，细胞对糖分利用的改变，以及糖尿病昏迷症和死亡等诸多问题。

胰岛素过多会使糖分被某些细胞迅速吸收，导致无糖分供给大脑，进而引发低血糖昏迷，并可能引起脑损伤或死亡。此外，尽管不常见，胰岛素瘤也能造成严重低血糖。糖尿病患者如果注射过多胰岛素，或在注射胰岛素后进食量不够的话，也会造成低血糖。

大脑、心脏等器官要想运作起来都要依靠糖分提供能量，而当血糖数值降到低于 60，会出现饥饿、恶心、嗜睡、头痛和大脑混乱等症状。如果血糖继续下降至 30~50，上面诸多症状将越发恶化，患者随之会陷入昏迷、大脑受损，最终不治而亡。此外，也有可能引发心律不齐而亡。

现在，回归到你的问题上。

你说得对，胰岛素是不能口服的。分解食物的消化酶也会消化胰岛素。胰岛素确实可以通过静脉注射，或添加到静脉输注液里。医院有时会采用静脉注射来控制治疗“脆弱的”（处于难以控制的极端状态）糖尿病患者。

根据你的剧情设定，如果凶手从静脉推注 50~100 单位的胰岛素，受害者必死无疑。胰岛素也能透过肌肉或皮下注射，比静脉注射起作用的速度稍慢一些（需要 15~20 分钟患者才会失去意识，时间也可能更短），不过结果仍足以致命。

没错，法医在验尸的时候可能会发现胰岛素过量和血糖过低。当然，如果受害者是位糖尿病患者，法医也许会理所应当地将此当作一件不幸的意外来处理。毕竟这类悲剧对于Ⅰ型糖尿病患者（胰岛素依赖型患者）来说，太常发生了。但由于受害者并非糖尿病患者，高胰岛素和低血糖数据的发现，将促使法医在胰脏上寻找胰岛素瘤。如果法医没有发现肿瘤，便会怀疑可能是他杀。

问题99：糖尿病患者没施打胰岛素会死吗？还是只是变得病恹恹？

凶手将糖尿病患者的胰岛素换成水能否置人于死地呢？受害者会怎么样，需要多久才会发作？法医能不能查出真相？

当然，凶手可以用这种方式杀人。不过，受害者必须得是Ⅰ型糖尿病患者。下面让我来解释一下。

糖尿病被分成两大类。一种是成人发病型或非胰岛素依赖型，又称Ⅱ型糖尿病。这类患者的胰脏能分泌胰岛素，只是分泌的量通常比较少。这类人不需要注射胰岛素，主要是借助控制饮食和可能的药物治疗疾病。此类情形中，给患者使用的药物或是强化患者身体对胰岛素的敏感性，或是促进胰脏分泌及释放胰岛素。

另一种是青少年发病型或胰岛素依赖型，又称Ⅰ型糖尿病。此类患者的胰脏即使能分泌胰岛素，数量也极少，他们必须通过注射胰岛素才能生存。经常在新闻上听到报道，说有儿童走失急需找到，因为他们急需药物治疗，这类孩子一般是Ⅰ型糖尿病患者。

受害者如果是Ⅰ型糖尿病患者，凶手在胰岛素上做一下文章，或者将胰岛素稀释，或使受害者得不到胰岛素，都会引发糖尿病酮症酸中毒，然后昏迷以及死亡。受害者可能在数小时甚至数日后才会出状况，而这取决于他对胰岛素的需求量、糖尿病的严重程度，以及其他因素。

血糖上升与即将陷入糖尿病昏迷的症状，包括疲劳、呼吸困难、恶心、口渴、尿量增多（血液里过多的糖分经肾脏过滤，就如利尿剂一般，导致尿量突然增加，进而引发脱水）、无精打采、昏昏欲睡、混乱，最终昏迷而死。

在解剖验尸时，法医会发现血糖超标和酸中毒，进而推论受害者死于糖尿病酮症酸中毒。他无从得知患者不使用胰岛素的原因，以及患者不使用足够剂量胰岛素的原因。即便这样，法医除了解剖检查受害者之外，还会检视采集自现场、与死亡原因和死亡方式有关的所有证据。他有可能化验在受害者家中找到的胰岛素瓶，进而发现瓶内的胰岛素曾被稀释，从而做出他杀的判断。

问题 100：凶手给患者施用哪种致命物质，会让人以为患者是死于医疗过失而非他杀？

我笔下有位杀手企图趁一名住院患者沉睡时，将某种物质添加到静脉输注液中，来杀掉患者。法医将事件误判为医疗过失，而不是他杀。请问凶手可能使用了什么药物？

在医院里，有许多药物都能满足你的故事需要。

任何一种肌肉麻痹剂都可以。这类药物会使所有肌肉瘫痪，包括那些支配呼吸的肌肉，受害者将停止呼吸从而死亡。由于这些药物作用于全身的肌肉，所以受害者会不能动、不能说话，也不能哭喊呼救。以安耐克丁和巴夫龙为例，安耐克丁（氯化琥珀胆碱）装在 10 毫升的多剂量药瓶里，每毫升里含 20 毫克药物。通过静脉给受害者一次性注射 200 毫克药物，受害者几秒内便会瘫痪。巴夫龙（盘库诺林）装在10毫升药瓶里，每毫升含1毫克药物。给患者从静脉做一次性注射就可以。

除此之外，几乎所有麻醉剂或巴比妥类药物都可以满足你的假设。给受害者使用大剂量的麻醉剂或巴比妥类药物，会抑制甚至造成受害者呼吸中止。在多数医院病房和（或）药房都可以得到这些药物。

常见的麻醉剂包括吗啡、杜冷丁、第劳第拖、氢吗啡酮。同样，凶手常见的方法还是过量使用，也就是从静脉给受害者注射极大剂量的药物。至于吗啡，凶手有可能会施用100毫克，杜冷丁250毫克，第劳第拖20毫克。

最普遍的两种可注射的巴比妥类药物是戊巴比妥和苯巴比妥。使用2~5克的戊巴比妥，或0.5~1克的苯巴比妥，足以杀死任何人。

但是，使用这类药物会留下痕迹，并且由于它们致死的方式是抑制呼吸作用，药效发作后受害者还得过几分钟才会死亡，而这段时间护理人员可能会察觉患者异常从而采取抢救措施。除非受害者被安排在普通病房，而不能是有心跳呼吸监视器的重症监护室或冠心病监护病房，因为在那里一旦患者呼吸减缓，设备就会发出警报。而在普通病房，不常用这些设备，也不会总有护理人员在患者身边观察，所以在这里受害者可能在人们发现之前就已死亡。

另一种可能性是透过静脉输注氯化钾，给死刑犯执行注射死刑用的就是这种致命药物。它可以使受害者的心脏即刻停止跳动。将一剂50~100毫当量的氯化钾，从静脉迅速注射到体内足以致死。它装在小玻璃瓶里，每毫升有40毫当量。医生一般通过将它加入静脉输注液中，用于治疗体内钾含量过低的患者。施用速率当然比静脉推注慢得多，而且会留下痕迹。在解剖时，法医会发现受害者血液中钾的含量过高。即便这样，法医还是有可能把此判定为医疗过失，认为这是护理人员的责任。

凶手也有可能使用受害者已在施用的药物，只要加大剂量即可。这更容易被判定为医疗过失。比如，如果受害者是一位心脏病患者，正在服用某种抗心律不齐的药物，大量使用就能取人性命，虽然在解剖时法医会发现受害者血液中的药物浓度过高，但很可能误判为这是医生或护理人员的过失。奎尼丁和盐酸普鲁卡因酰胺都属于这类药物，这两种药无论选择哪种，只要给患者通过静脉迅速注射 1000 毫克，心脏在一两分钟内必停无疑。

还有一个可能，那就是常见的心脏用药毛地黄。毛地黄有许多商品名，最常见的是地高辛，一般每日口服剂量为 0.25 毫克。凶手如果通过静脉给患者注射两毫克，可在短短几分钟内使患者的心律发生致命的改变而死。同样地，这也可能被视为医护人员的过失。

问题 101：什么毒品或药物一经和单胺氧化酶抑制剂结合便会使人丧命？

我笔下有个女性角色，她刚顺利地做完了整容手术，然后她就带着消炎药和止痛药出院。两天后，她因严重药物反应身亡。法医在解剖时发现，有人将她的药调包成某种危险成分。我考虑可能使用的是单胺氧化酶抑制剂，请问说得通吗？我想知道医生开立的处方药以及能使她丧命的药物名称有哪些？

因答案非常复杂，故而我将尽可能简单地说明。

单胺氧化酶抑制剂是一组奇怪的药物，而且危险性很大，以至很多医生都避免使用它们，而且很多旧牌子的单胺氧化酶抑制剂已停售。然而，还有一些在市面上流通，用于抑郁症的治疗。例如脑定安（硫酸苯乙肼），就是一种非常有效的单胺氧化酶抑制剂。此药一般被制成亮橘色的药丸，上面印有棕色的“P-D 270”字样。一片药丸含有15毫克的活性物质（即有效成分）。

单胺氧化酶抑制剂的生理机制非常繁复，我就不给你讲太多的细节了。需要说明的是，一旦这些药物和特定药物或食物一起服用，便可能引发严重甚至致命的不良反应。其中与单胺氧化酶抑制剂结合最危险的是抑交感神经药，也就是肾上腺素或类似“快乐球”的药物。与可卡因、肾上腺素（通常和局部麻醉剂一起使用以减少出血，如牙医常用含有肾上腺素的利多卡因）、伪麻黄碱（速达非和爱发皆含有此类成分）、安非他命（几乎所有减肥药里都有）、特定血清素激活药物（如右芬氟拉明）结合，能导致严重不良反应。大部分活血化瘀剂、氧喘喷剂、感冒药和减肥药皆含有这类物质，可能引发致命的交互作用。

在食物方面，那些含有高浓度酪胺、L-色胺酸、多巴胺的食物都会引发危险反应。这类食物包括陈年乳酪、干腊肠（意式腊肠、萨拉米）、腌制鲱鱼、蚕豆、啤酒、葡萄酒、肝脏、酵母萃，以及咖啡因和巧克力。

如此你便能明白为什么单胺氧化酶抑制剂会失宠了，原因很简单，就是可以和它们产生交互作用，引发致命并发症的物质实在是太多了。

最致命的不良反应包括：

高血压：血压迅速飙升到很高的水平——收缩压 250~300，舒张压 100~130，这种情况很普遍。高血压会导致大脑混乱、定向力障碍、头痛、视力模糊、癫痫发作、失去意识、休克、脑出血或心脏病发作。治疗方法是静脉输注 5 毫克酚妥拉明，以迅速降低血压。

高烧：体温骤升，可能会升到 41~42 摄氏度，甚至更高。一旦体温超过 41 摄氏度，脑细胞将迅速坏死，继而死亡。治疗方法是冰水浴。

根据你的情景设定，可以将受害者服用的其中两种药物调包成脑定安和任何随手可取得的减肥药。受害者在服用后 20~30 分钟，或几个小时内，血压将迅速升高，发生中风或心跳停止现象。

受害者会感到剧烈头痛、视力模糊、眩晕、恶心、呼吸困难、混乱和定向力障碍，或许还会胸口疼痛，或因高血压导致流鼻血，然后晕倒、死亡。整个过程可能持续数分钟至数小时，就看你的剧情需要了。

问题 102：医生怎样分辨药物诱发的发烧和感染引起的发烧？

高烧有没有可能一开始被误诊为感染？像这样的情况，法医在解剖时会发现什么？

高烧导致医生误诊，这是有可能的。医学有句格言：“常见的事情常发生。”一个人高烧伴有无精打采或昏迷、癫痫等其他神经症状时，医生一开始都会认为他得了感染，尤其是脑部感染，如脑膜炎或者脑脓肿。直到将这些可能性都排除之后，医生才会思考其他病因。在现实生活中，患者通常不会想到，使用某些药物后会与单胺氧化酶抑制剂交互作用，从而引起发烧。因此，除非负责诊治该受害者的医生进行药检，否则谁也不会知道这件事情。

排除前述感染的检查包括血液培养、电脑断层扫描或脑部磁振造影、脊椎穿刺（检查脑脊髓液是否有传染性生物和白细胞的数目）以及脑电图，这还只是初步检查。

根据你的剧情设定，受害者可能会晕倒或癫痫病发作，然后被送到急诊室，医生检查发现他的体温高达41摄氏度，就这种情形，医生会判断是脑部受到感染，进而对脑部进行各种检查。他的血压应该很高，脑部感染引起脑部肿胀和颅内压升高时，血压就会很高，受害者可能几个小时内就会死亡，因而被列入“验尸官审理案件”。所有医院收治的患者如果在24小时内就死亡，这种情况都必须交由验尸官进行检验。

医生无法确定死亡原因到底是不是感染。验尸官会进行尸体解剖，如果找不到任何感染迹象，便会等毒理和其他检验报告出来之后，才能判定真正死因。这个过程可能需要几天的时间。

问题 103：快速地静脉注射钾会造成患者死亡吗？

凶手是否可能用这种方式杀死一位住院患者：将装满氯化钾（每毫升 40 毫当量）的胰岛素针筒，在接近针头埋入皮层的位置，迅速注射到静脉输注管里。请问氯化钾会不会被原来的输注液过量稀释呢？如果凶手这样做，受害者在接受脱水、暴露和营养不良的治疗之后，有可能被视为一次医疗事故吗？他会输注像氯化钾之类的药物来增加电解质吗？

有可能。医生一般会对脱水和营养不良的患者进行静脉输注，通常会用一袋一升、二分之一浓度的生理食盐水，其中含 5% 的葡萄糖，再向其中添加 40 毫当量的氯化钾。医生通常会每小时施用 100~200 毫升，这样的话，钾的输注速率大约为每小时 4~8 毫当量（1000 毫升含 40 毫当量，所以每 100 毫升输出 4 毫当量）。

氯化钾输注率每小时超过 20 毫当量会很危险，所以上面提到的氯化钾输注率是低于危险值的。100 毫当量的氯化钾，显然超过了危险值，将其通过静脉推注到患者体内，而且静脉推注不存在稀释问题，此剂量施用下去无论是谁都会在几秒钟内毙命。

但有一点我必须提醒你：这么高浓度的氯化钾一旦被输注到患者体内，便会造成严重的灼伤，因此受害者必定会有所反应，除非他正在昏迷或使用了大量镇静剂。当然，他很快就会死掉，但是在他被烧焦死亡之前，会因严重的灼伤而痛苦地大喊大叫。将这一点写入你的剧情之中，就没有问题。

问题 104：如果凶手用枕头闷死肺结核病患，枕头上会沾上血迹吗？

被枕头闷死的人看起来是什么样子？如果他们是肺结核患者，那么在被闷死的时候，枕头上会不会有他们咳嗽呛出的血迹呢？

由枕头造成的窒息留下的证据要比扼死或索状物勒杀少得多。被枕头闷死的患者脖子不会有瘀伤或者擦伤。但是，所有类型的窒息都会引起眼结膜（眼睑与眼球之间的粉红色黏膜）出现点状出血（又称瘀斑）。瘀斑是一种颜色鲜红且形状微小的斑点，通常如针尖般大小或稍大一点。一旦发现尸体有这些瘀斑，就可确定受害者是死于某种形式的窒息，你笔下的法医或侦探应该很快就能做出判断。

除此之外，大部分死于窒息的受害者，他们的皮肤会呈现深紫色，尤其是头部、颈部和上半身的皮肤。还有，如果受害者死前有挣扎现象，他可能会咬伤舌头，有时甚至咬得很严重，受害者的指甲里或许会留有凶手的皮屑组织和血液。

就受害者是肺结核患者而言，出血的可能性不大，但并不是没有可能。肺结核是因肺部感染了结核分枝杆菌而引发的传染病，这种细菌导致在肺部形成结核（也称作肉芽肿）。结核基本上是小结节（小圆肿块或肉团），在显微镜下可见如针尖般大小，散布于整个肺部，主要由细菌和各种类型抗感染的白细胞组成。这些结节是身体尝试隔绝或牵制感染的产物。

这些结核结节偶尔会干酪性坏死（即分解或液化），那样它们便会出血，然后导致病患咳出带血的痰，医学上称为咯血，也就是咳出或咳嗽喷出血或血痰。鲜有严重出血的患者。

就你设想的情景而言，受害者为了呼吸而挣扎的过程中可能会有出血，不过应该只会有几道血丝，而不会有大面积血迹。

第三部分

追踪行凶作恶者

第九章　警察和犯罪现场

问题 105：近距离枪伤导致的伤口是什么样子的呢？

如果一名年轻男子在寺庙内遭遇近距离枪杀，并在两小时内被人发现，伤口会是什么样子？仅仅是一个洞吗？伤口周围会有淤青吗？

扣动扳机时，从枪口中迸发而出的不仅仅有子弹，一些燃烧和未能燃烧的粉末残渣，以及引爆枪膛火药产生的热气也会伴随子弹一起从枪口喷发出来。

这些从枪口喷发出来的粉末和气体，每一种都会改变伤口所呈现出来的形状。法医可以由此判断枪口与受害者之间的距离。

对射入伤口的解剖取决于枪口与皮肤之间的距离。

如果开枪的地点距离受害者有几英尺，射入口会呈现一个小洞，由于皮肤自身的弹性，枪洞会比子弹还小。同时，射入口周围会出现一圈蓝黑色的淤青，被称为“擦伤轮”，而皮肤表面被“擦”出来的这些黑色污迹是子弹穿过枪管时沾上了燃烧过的粉末、污垢和油渍。这种“污迹”通常用一块湿布就可以很轻松擦掉。

如果开枪地点再近一点儿，皮肤上会形成“火药文身”或者是“火药点纹”。这是由燃烧和未燃烧的火药以及从枪口喷发出的子弹碎片造成的。这些微小的颗粒嵌入皮肤导致伤口附近的皮肤出血（皮肤内的红点）。由于颗粒已经刺入皮肤内部，这些痕迹就没办法消除了。

如果枪口非常靠近皮肤，粉末和子弹碎片散开的半径就更小，皮肤上的火药文身图案会更加密集，聚集在伤口附近。此外，皮肤会被枪口喷出的热气灼伤烧焦。

如果开枪的时候，枪口紧顶着皮肤，实际产生的射入伤口会比子弹大，而烧焦的状况也会更加严重。伤口呈现的形状会更加粗糙和不规则，经常呈现“星状”图案（或类似星星形状）。如果接触式伤口出现在骨头上，例如头骨上，伤口的形状会尤其符合上述的描述。这是因为，爆炸性气体沿着“阻力最小的路径”发散，实际上就撕裂了枪口周围的皮肤。膨胀的气体没办法让枪管或骨头变得膨胀，所以只能“横向逃逸”，撕裂皮肤层。

由于子弹会穿透骨头，所以射出口的伤口会很大，而且形状不规则。通常情况下，子弹击中骨头，伤口就会变得更扁平、形状怪异，甚至呈爆炸蘑菇状。这就导致了射出口伤口面积较大而且不规则。

问题 106：近距离射出的子弹会不会击穿头骨？如果会的话，法医能否据此进行弹道分析呢？

（1）无论受害者是在“近距离”还是在几英尺之外被击中，子弹都会从头骨中射出吗？

根据情节需要，看你的选择了。子弹可能会射出，也有可能不会射出，这是不可预测的，但无论哪种情况都是符合现实的。决定子弹是否射出的物理参数有很多，包括子弹的尺寸和重量（口径），子弹是否空心，子弹是否以金属、聚四氟乙烯或其他耐用涂层包裹，枪口初速（子弹从枪口打出来的速度），头盖骨的厚度，以及子弹击中头骨的角度等很多其他因素。因此，相较于一颗大型、低速空心的子弹来说，一颗小型、高速，并涂有聚四氟乙烯的子弹更可能击穿头骨。

（2）如果子弹确实击中头骨并射出来，病理学家是否有办法确定这颗子弹的类别呢？

除非子弹被头骨或是墙壁之类的嵌入物严重损坏，弹道学家很可能有办法判断出子弹的类型。如果能发现这把手枪或是该手枪射出的其他子弹，他们有可能找到一些枪膛膛线来做比较。但是，如果子弹已经断裂、变得扁平或形状扭曲，就无法进行判断了。如果子弹没有被找到，经验丰富的弹道学家可能会根据子弹穿过头骨和大脑的轨迹推测出子弹的口径和弹药的类型，但没办法给出明确的答案。因此，子弹能不能被识别出来这个问题，完全看您的选择，毕竟两种情况都符合常理。

问题 107：提前储存的血液可以“伪造”死亡吗？

如果有人取出自己的血液并进行储存，然后用它来伪造自己的死亡，那么验尸官能否判断出这些血液并不新鲜？我脑海里有这样一个场景：一辆汽车从悬崖上掉入大海，车内没有发现尸体，但汽车玻璃和内饰都留有“受害者”的血迹，警方因此断定尸体一定是被冲到海里去了。请问，提前储存的血液需要防腐剂来防止凝结吗？血液能否被冷冻和解冻呢？血液被储存或解冻的事实会在法医检测中被发现吗？盐水会干扰 DNA 匹配吗？

“受害者”可以提前取出自己的血液，然后使用抗凝剂（任何可以阻止血液凝结的物质），例如乙二胺四乙酸（EDTA），或者将血液凝结，并将其冷藏或冷冻。在一个典型的犯罪现场，假如在一个房间或是干燥的地面上发生“案件”，法医也许能通过显微镜观察血块的微观组织，从而判断血液是否事先被凝结了。例如：地毯上有一大片血迹，但周围并没有被血液浸过的血晕，因此看起来好像有人故意把血液倒在地毯上，而不是从受害者的体内流出。

法医还可以判断出未凝固的血液是否被冷冻过。他会寻找由于冷冻而导致破裂的红细胞。同时，由于血液在离开身体后会很快凝结，如果法医发现了没有凝结的血液，他很可能会推测出血液中含有某种形式的抗凝血剂，继而判断这个犯罪现场是伪造的。之后，他会检测血液中是否含有抗凝剂。

如果血液经过急速冷冻，后续解冻再被倒在“犯罪现场”，当血液凝结后，法医无法准确判断出血液是否被提前冷冻过。因为血液凝结的过程导致大量红细胞破裂，因此任何红细胞的破裂都可能归结为血液凝结所致。

的确，法医不可能在任何情况下都做出精准的判断。

在你所描述的情节中，汽车已经浮在水面甚至沉入水底，这一事实将极大地改变证据。由于大部分血液已经被冲走，法医只能观察车座、车门或是车窗上的血迹。他也不指望这种情况下能发现已凝结或是未凝结的血块。最可能的做法是，他会取下一块内饰进行分析检测。

法医会进行 DNA 匹配，内饰上的血迹能够提供他所需要的 DNA，海水并不会对结果产生影响。

法医可能会发现有两件事情不太对，从而引起他的怀疑。一个是血渍的形状，如果看上去像是提前储存好了的，而不是当场出血应该有的形状，法医会质疑现场是不是伪造的。另外一个可疑因素是血液中的 EDTA 含量，但这是要专门进行检测的。在杂货店里，EDTA 经常用于喷洒蔬菜以延长蔬菜的保鲜期，所以人体血液中都含有微量的 EDTA。这就意味着，由于没有一个“正常”的含量进行比较，法医很难判断受害者血液中 EDTA 含量达到多少算是含量过高。然而，EDTA 含量过高倒是会让法医停下来，转换思路，考虑其他可能，同时，也给你一个很好的线索，继续推进你的故事。

问题108：如果用甘油作为血液防腐剂，那么出现在伪造的犯罪现场中的血液里能否检测出甘油呢？

在我的故事中，有人试图破坏犯罪现场，用一袋以甘油防腐并冷冻过的血液替换原有的血液证据。

我的问题是：法医是否会按照一贯的做法检测在犯罪现场采集的血液，然后发现血液被事先冷冻过的证据？冷冻的过程会阻碍DNA分型吗？

如果血液经由非专业人士解冻，并没有受到妥善的处理，那么血液还会保有和新鲜血液相似的外观吗？如果并没有专门针对甘油进行检测，是否仍然能够检测出甘油的存在呢？

如果针对非法麻醉品进行样本化验，能否检测到甘油呢？

犯罪现场的血液通常会用棉签进行采集，然后将棉签储存在玻璃瓶中等待检测。虽然通过显微镜检测血液的过程中可能会发现血液事先被冻结（红细胞的冰晶结构破裂），但这并非常规性检测，而且也不能用棉签上采集的血液进行。

DNA检测并不依赖于完整的细胞，因此，即使血液被冷冻过、凝结过或者血液已变干燥都不会对DNA匹配造成影响。

如果将解冻过的血液四处洒在地板上、家具上或是床单上，看上去和其他来源的血液并无不同。虽然血液没有凝结或许能说明血液中含有某种抗凝剂，如EDTA或甘油，但这取决于案发后犯罪现场多长时间里被发现。如果立即被发现，血泊很快就会凝结（几分钟之内），而不会保持液体的状态。如果发现的时间再晚一点儿，血泊会凝结成果冻状。如果这个时候血泊还未凝结，法医会怀疑血液中含有抗凝剂。如果在更晚的时间里到达现场，而那时血泊已经干燥，这种情况对法医来说就比较棘手了，因为他无法判断血液在干燥之前是否凝结了。

甘油是一种具有多种用途的有机醇。甘油是橡胶和树脂的基本成分，可用于建筑物外墙涂料和其他防护性涂料的生产。甘油还会作为乳化剂和稳定剂出现在冰激凌、起酥油和烘焙食品中。在医学上，甘油还可以用于硝化甘油的生产。而涉及你提的问题中，甘油可以用作红细胞（防止细胞冰晶破碎）、精子细胞、角膜和其他活体组织的保护介质。

当然，如果法医针对甘油进行检测，他一定会发现这种物质并揭开事实真相。但甘油并不一定在常规的“药物筛选”目录中。不同的实验室对此有不同的协议。这就意味着，根据你的故事情节安排，甘油可以不被发现，也可以被发现。

问题 109：绞窄性瘀伤多久会出现呢？

如果一个人试图勒死另一个人，受害者脖子多久会出现勒痕呢？从所施加的压力能看出施暴人是右撇子还是左撇子吗？

这些勒痕基本上都是挫伤或瘀伤，就好像一个人撞到门上或是桌子上，几分钟后就会出现淤青。这是由于血液从受损的毛细血管中渗透到组织中，导致蓝色变色。如果受害者被勒死，心脏停止跳动，血管中的血液会很快凝结。一旦血液凝结，身体上就不会再出现淤青。也就是说，勒死一个死人不会留下勒痕。

瘀伤是人在被勒死之前，由于血液渗出而产生的伤痕。尽管我们认为伤痕所表现出来的变色可能需要几分钟才会出现，但其实瘀痕的产生是一瞬间的事情。

典型的勒痕是绕颈一周的蓝色变色。通常，这些痕迹很特别，能够勾勒出手指的轮廓。如果是绑扎式绞杀，甚至能够分辨出所使用绳子或是链条的图案。

压力越大，瘀伤越严重。一个惯用右手的人往往会有一个更强壮的右手，反之亦然。因此，法医能够从瘀痕情况推断出凶手的惯用手。至少他可以做出一个合理的猜测，取证分析学就是这么回事。

问题 110：腐烂的尸体什么时候开始发臭？

通常情况下，如果屋子里有一具尸体一直未被发现，在多久之后尸体散发出来的恶臭足以引起邻居的注意呢？

一般来说，人死后 24~48 小时，尸体会开始散发味道，时间越长散发的气味越强烈。

尸体的分解有两个不同的过程。一种叫作自溶，是指人体细胞和组织的无菌（不含细菌）分解，主要是细胞内的酶在发挥作用。这个过程有点类似于“自我消化”，属于一种化学反应。受热，反应则会加速；受冷，便会减速。

第二个过程是由细菌主导的腐化。引起这一过程的细菌有的来自周围的环境，有的来自尸体结肠中的正常细菌。这些细菌就像上面提到的细胞内酶一样，更喜欢温暖的环境。所以，腐化过程会在温度较高的环境中加速，在温度较低的环境中减速。

如果故事背景设置在8月份的新奥尔良，卧室里的尸体大概24小时或更短的时间里便散发恶臭了。但如果背景是1月份的芝加哥，尸体所放置的公寓又没有供暖，可能恶臭要在一周甚至更长时间之后开始散发。如果在比较温和的气候中，恶臭一两天就会散发出来。

问题111：法医和警察会用薄荷膏来冲淡尸体腐烂散发的气味吗？

很多验尸官在去犯罪现场或是进行尸体解剖时，会在上唇涂些什么东西呢（大概是为了冲淡尸体的腐臭）？这种物质有什么特质吗？如果确有这样一种东西的话，在缺少此物的时候，其他的东西，例如薄荷膏可以取而代之吗？

当然可以，验尸官经常会使用薄荷膏。此外，外科医生在清除已经坏死或是感染的伤口时，比如那些感染了气性坏疽（又称梭状芽孢杆菌）的伤口，必须佩戴洒上浓缩薄荷油的医用口罩以冲淡恶臭。相信我，这种气味绝对是让你很难受的，它会让你的胃打结，让你的眼睛流泪。其实薄荷膏的帮助也不会很有效、很持久。如果进行大面积清创，消耗的时间会比较长，这时需要几个外科医生轮流进行，每人进行 20 分钟再换下一个人，因为气性坏疽的气味实在难闻，让人难以忍受。

当警察或技术人员在犯罪现场的工作需要离尸体很近时，他们经常在嘴唇上部涂抹一点薄荷膏以冲淡尸体的恶臭。

幸运的是，我们的嗅觉神经（连接鼻中的嗅觉细胞和大脑的神经）会很快疲惫。这就意味着，随着在气味环境中暴露时间的增长，神经向大脑传输“嗅觉信号”的能力会逐渐变弱。人们都有过这种体验，一种气味即使再难闻，随着时间的推移，人们也会对这种气味逐渐适应。而微弱的气味随着时间的推移，可能会慢慢消失，没有反应了。即使是香气四溢的苹果派，也是第一次闻到的气味最难以忘怀。

问题 112：寒冷的房间是否会耽搁对尸体腐化散发气味的检测？

我设想了这样一个情节：一位推理小说家吃完午饭返回家中，小憩一会儿，然后一直写作到深夜，随后上床睡觉。第二天早上起床后又继续工作，直到午饭时间有警察来敲门。他们正在寻找与她分居长达 7 个月的丈夫（一名警察），因为她的丈夫昨天值班的时候没有出现。随后，警察在一个小房间里发现了她丈夫的尸体。这个屋子房门紧闭，空调一直开着。接下来问题来了：尸体腐烂的气味会在 24~36 小时内弥漫整个房间吗？如果这位作家表示对于丈夫暴尸室内毫不知情，她的这种说法可信吗？

简单地回答一下：可信。

尸体在人死后立即开始腐烂。无论是身体外部的细菌还是肠道内的细菌都会对组织产生作用。正常情况下，人死后 24~48 小时内，腐烂的气味就会很明显。这个发展的时间线取决于多种因素，尤其是尸体所处的环境温度。温暖的环境会加速细菌生长，也就加速了细菌的分解过程（类似于培养箱环境），而寒冷的环境则会减慢细菌的分解过程（类似于冰箱的环境）。

如果房间温暖，尸体分解的气味在 24 小时或者更短的时间内就散发出来；但如果外面温度比较低或是空调一直开着，导致尸体所处环境较为凉爽，这种情况下，气味则需要 3~4 天甚至更久的时间才会散发出来。因此来说，你安排的条件设置是可行的。一方面，开着的空调会减缓尸体的腐败；另一方面，紧闭的房门也会抑制气味的扩散。

问题 113：一具未掩埋的尸体需要多久会变成一堆白骨？

我的问题关于一名男子，该男子 5 月份被杀害，并暴尸于西北山区。这个地区恰逢早春，白天温暖夜晚凉爽。这里除了有常见的山区动物，还会有熊和大型猫科动物出没。

陈尸 4~5 周的时间，尸体会分解到什么程度呢？我能猜到骨头

会四处散乱，但头发可能还在。或者说，在这段时间中，会不会尸体只剩下骨头了呢？

尸体变成一堆白骨所需的时间差异很大，影响因素也众多。在你设定的情节里，加速身体组织丧失的因素包括：

温暖的天气会加速由细菌主导的分解。

在未被掩埋的情况下，尸体便处在空气、细菌和捕食者的威胁之中。

尸体暴露的时间长度。

可能 4~5 周之后，尸体只剩下一些骨骼残骸，上面还残留一些牙齿和毛发。正如你提到的，有些尸骨已经找不到了，有些尸骨则被捕食者带走，散落四处。

问题 114：何为“Calor Mortis”？

何为“Calor Mortis”呢？是指人死后尸体的颜色吗？那么，尸体会改变颜色吗？

“calorie mortis”是一个现如今已不再使用的古老词汇，该词的意思并非指身体的颜色，而是指人死后的体温。“calor”的意思是热量。我们对卡路里这个词很熟悉，这个词的词根便是“calor”，在科学上是用来表示热量的单位。“mortis”的意思是“死亡的”。所以说，“calorie mortis”的意思其实是人死后，尸体温度的变化。

“pallor mortis”是指人死后尸体的颜色。“pallor”的意思是苍白的。人死后，随着心脏停止跳动，身体内的血液也逐渐停止流动，尸体外观呈现苍白、蜡状或是橡胶状态。而“pallor mortis”便是指这种苍白的颜色。

此外，血液停止循环后静止下来，受重力的影响会逐渐沉淀。这就造成相关身体组织出现蓝色、灰色或是紫色的变色，这便是我们常说的“尸斑”（livor mortis 或 lividity）。

因此“calor mortis”指的是尸体的温度，“pallor mortis”意为尸体颜色苍白，而“livor mortis”是指相关身体部位血液静止沉淀而导致的深色变色（即尸斑）。

问题115：在什么情况下，尸体会木乃伊化?

目前，我正在写一本书。其中有一个情节，有人发现了一具10年前失踪孩子的尸体，尸体已经木乃伊化了。请问，对发现的地点应该怎样设定，才能让情节更加合理一些呢?

在大自然的很多环境中，尸体都可以被完整地保存。在永冻土地区，尸体可能会被保存数百年乃至数千年。同样，泥炭沼泽的环境也可以达到同样效果。沼泽是一种潮湿、呈海绵状的典型低洼地带，主要由泥炭和泥炭藓构成。由于沼泽通常呈酸性，沉入其中的尸体不会被细菌降解，就算多年后被发现时可能还是保存完好的状态。

尸体木乃伊化需要在干燥的气候中进行。环境的温度可高可低，最好是空气流通良好，但是就算达不到空气流通的条件，也必须是一个干燥的环境。尸体的干燥和脱水是导致木乃伊化的重要因素。因为缺乏水分不利于细菌的生长，腐烂和分解从而会减缓甚至停滞下来。

随着尸体逐渐脱水，身上的肌肉、器官和皮肤会萎缩，变成深棕色或黑色，质地也会变得坚硬。根据所处的环境不同，这个过程可能需要几个星期到几个月的时间。一旦尸体木乃伊化完成，干尸可以完整地保持几年甚至几十年。

至于尸体暴露的环境，任何干燥、不受天气影响、不受掠食者侵害的地方都是可行的。阁楼、地下室或是房屋的夹层都是符合条件的地点，当然沙漠埋葬也可以形成干尸。

尸蜡是另一种可长期保存尸体的方式。它是一种从身体脂肪中提炼出来的物质。1789 年，佛克罗伊首次对该物质进行了描述。

尸体除了会腐烂之外，另一种结果便是形成尸蜡。事实上，开始的时候，大多数尸体内会同时发生腐烂和形成尸蜡。如果尸体所处环境有利于细菌的生长，尸体会加速腐败；如果所处环境抑制细菌的生长，从而促进了尸蜡的形成，尸体便受到保护。在某些情况下，两种情况同时在尸体上发生，因此尸体的一部分被保存下来，而另一部分则腐烂。

尸蜡的形成需要一定的条件。如果尸体埋在潮湿的土壤中，浸入水中，或是被放置在地窖或拱顶中，尸体很可能会形成尸蜡。因此，这个过程中水分是一个重要的因素。该环境中，厌氧菌（也就是不需要氧气就能生长的细菌）会在体内工作，产生卵磷脂酶，这是一种能使尸体体脂水解和氢化的酶，最后形成了尸蜡。

尸蜡是一种蜡状物质，颜色从白色到粉色再到灰色或灰绿色不等。形成的时间需要3~12个月，能够保持几十年的时间。但随着时间的推移，尸蜡会变得越来越脆弱。

更加重要的一点是，尸体腐败的过程中，器官组织通常会被分解。相比来说，尸蜡的形成则会使尸体永久地“铸”成死后的形状。一些面部特征和刀伤或枪伤的伤口会保存完好。整具尸体看起来就像一个蜡娃娃。

这两种尸体木乃伊化的过程都比较符合你的设定。

问题116：有可能从干尸上提取指纹吗?

有可能从干尸上提取到指纹吗?

只能说有时候可以提取到。当然，这取决于尸体的腐化程度。一般来说，保存完好的干尸，手指颜色呈黑色，皮肤萎缩得像皮革一样坚硬。将手指在浓度为20%的醋酸溶液（从醋中提取的酸性物质）中浸泡24~48小时，会使手指膨胀到正常的大小，并露出指肚上的纹路。手指浸泡在甘油中也会达到同样的效果。另一种新型的方式也很有效，将手指上的指垫切下来，然后用扁平或是圆柱形的金属物压平，这样也会显现指纹。

问题117：如果尸体被砌在砖墙里面，几年后会变成木乃伊吗？

如果一个身材中等的年轻女子的尸体被砌进凹室中若干年，尸体会变成什么样子呢？这个凹室在房子比较靠里面的位置，环境干燥密不透风（当然没有绝对的密封这一说）。房子位于英格兰湖区，无人居住，夏天不会开空调，冬天不会供暖。在这种条件下，尸体会变成木乃伊吗？尸体除了骨架之外会分解吗？在一具尸体木乃伊化过程中，眼球会不会干燥、萎缩，然后缩回到眼窝里呢？

木乃伊化和骨架化都有可能发生。如果周围空气比较潮湿，比如靠近海岸的地方，发生骨架化的概率会大些，因为湿度有利于细菌的生长和组织的腐败。但是，如果环境空气干燥，尸体可能会变成木乃伊。皮肤逐渐干燥，颜色变成深棕色或黑色，呈现皮革一样的质地。之后，随着肌肉和内部器官的脱水，皮肤逐渐收缩到骨骼上面。就类似于塑料包遇热收缩的情况。整具尸体看起来非常小，如果空间允许，胳膊和腿可能会蜷缩成胎儿的姿势。

确实，眼球会缩小得几乎看不到，或者变成一个豌豆大小的硬疙瘩，很难发现。眼窝则会出现凹陷或空洞。

虽然上述两种情况都有可能发生，但是木乃伊化的尸体更具视觉冲击力，也更令人毛骨悚然。

问题118：裹在混凝土里的尸体会变成木乃伊吗？

我想设定这样一个情节：受害者四年前死于枪杀，四年后人们才找到他的尸体。一座建于四年前的建筑物由于一场大火变成灰烬，工人们在清理废墟时挖出了尸体的残骸。请问，这个时候尸体处于什么状况呢？是否已经木乃伊化了呢？还可以被确认身份吗？此外我还在想，四年前案发当时，怎样在混凝土浇筑之前，神不知鬼不觉地把尸体放进去呢？

尸体可能已经骷髅化，也可能木乃伊化。如果是后者，它看起来颜色发黑、质地坚硬。尸体的身份可能要依赖于牙齿，也可能会通过指纹来辨认。目前已经有从木乃伊中提取指纹的技术。

子弹可能就在“木乃伊”体内，如果尸体已经木乃伊化，子弹可能会在尸体附近。而且，一根断了或是有缺口的肋骨，抑或其他的骨头，再加上子弹碎片，这些都是线索。法医会根据这些做出推测，受害者当时遭遇枪杀。

如果尸体是埋在混凝土下面，木乃伊化的可能性会比较大，因为尸体周围空气含量较少，分解就会减慢甚至停止。同时，天气因素和掠食者的危险也不复存在。

根据挖掘的面积和深度，尸体有可能被部分掩埋（实际上，简单用泥土覆盖一下就足够了），而负责水泥车的工人不会注意到为地基而挖的沟渠表面有轻微的“隆起”。

问题119：凶手有可能“欺骗”测谎仪吗？

在我写的故事中，我希望用测谎仪对凶手测谎，就算他有罪，也想让他通过仪器的测试。所以，究竟有没有可能骗过测谎仪？如果能骗过，这个情节该怎样设定呢？

测谎仪检测的结果并非万无一失，因此法庭一般不会采纳这种测试的结果作为庭上证据。但是执法部门可以通过这种方式排除一些犯罪嫌疑人，从而缩小调查范围。尽管测试结果并非百分百准确，但是有时候确实帮助很大。

测谎仪可以测试身体面对压力时的几种反应。仪器包括一个血压袖带，一个测量呼吸的胸带，一个测量皮肤电流反应的电极，以及一个收录数据的记录装置。在压力作用下，血压和心率会升高，呼吸的深度和频率也会增加，汗液会从毛孔中渗出。而汗液中的电解质（钠、钾、氯）会增加皮肤的导电性，产生电流反应。依据压力变化而导致的各类参数增加，可以让实验员在其中寻找可能撒谎的线索。

在进行测试前，实验员会提一些问题，以判断此人有没有任何疾病或精神障碍，或者他是否正在服用一些药物。这些药物可能会干扰电流反应，从而导致测试无效。

“击败”测谎仪最简单的办法就是让它无法判断。也就是说，实验员无法辨别测试者是否在撒谎。对于表演型性格的人，处在极度紧张状态中的人或是恐慌发作的人，不能说对他们无法进行检测，但检查的过程很艰难。表演或是假性反应会造成迷惑使结果无效。

在测谎过程中，实验员会先问一些压力较小或毫无压力的问题，人们可以轻松自如地回答。例如：你今天早餐吃鸡蛋了吗？你是不是住在榆树街123号？这些问题轻松简单。随后，实验员会穿插着问一些压力大点儿的问题，或者是与犯罪直接相关的问题。例如：你和琼斯先生有过节吗？6月3日晚上，你在他家吗？你杀害琼斯先生的凶器是锤子吗？无犯罪行为的人对这些问题会有同样的反应，但是罪犯在面对指向性问题时会变得紧张。但一个情绪敏感的人无论面对善意或是其他问题时，反应都比较激烈。他们很容易陷入恐慌，可能只是有人发出嘘声，他们的血压、心率、呼吸和皮肤电流反应都会有强烈变化。

对每个问题都做出类似恐慌的反应可能会让欺骗蒙上一层阴影，使测试结果模糊不定。凶手可能会有意识地绷紧肌肉，加深呼吸，无论面对什么问题都时刻专注地思考，包括自己犯下的罪行；或许他会在鞋子里放根钉子，每回答一个问题都踩一下钉子。因此，实验员无法区分，这些压力是源于自身强迫的压力还是由于说谎而真实产生的压力。

另外一种选择则是反其道而行之。也就是，罪犯从始至终会保持很冷静的状态。一些反社会人格的人在犯罪时并不会像常人一样感到有罪恶感。这种情况虽然并不常见，但是他们很自然地就能“击败”测谎仪，因为他们本身就感受不到罪恶感。或者，你笔下的罪犯会采用一些放松技巧来掩盖压力反应。诸如，生物反馈、意象设定、呼吸调节和其他一些冥想技巧可能会奏效。又或者，他可能会服用药品。酒精、麻醉剂和其他一些镇定药物会起些辅助作用，“帮助”罪犯在接受测试的时候保持冷静。

还有另一类药物选择，我们称之为“β 受体阻断药”。常见的药物包括心得安、天诺敏、美托洛尔。在接受测试前的 1~2 个小时里服用 10 毫克心得安，或 25~50 毫克的天诺敏，抑或 50 毫克的美托洛尔，都会奏效。这些药物会阻断肾上腺素对心血管系统的作用，导致血压和心率降低。同时也会对大脑有镇定作用，减少重压之下的冒汗。因此，测谎仪的判断会变得“迟钝”，从而使罪犯们“通过”测试。

问题 120：醉酒的人能逃得过现场清醒测试吗？

故事里的主人公酩酊大醉，但是他又必须驾车去营救心上人。他由于超速行驶被警察拦了下来。整个故事说来话长，他没有一个可信的说辞让警察相信他。所以，他有可能逃得过现场清醒测试，或是酒精测试吗？

我来猜一下，你可能在周六晚上就想得到答案。

骗过现场清醒测试和血液酒精测试是几乎不可能的。这种测试是绝对准确的，因为你没有办法“隐藏”血液或呼气中的酒精。

逃过现场清醒测试是十分困难的。酒精会影响控制平衡、步态、运动和肢体协调的小脑，而现场清醒测试恰恰是评估小脑的功能状态。如果体内含有酒精，结果肯定是不正常的。

闭上双眼张开手臂站立或是单腿站立，会摇摇晃晃甚至会摔倒；如果踮起脚尖走直线，会走得歪七扭八；让你指鼻子，可能你会戳上自己的眼睛；直视前方时，眼睛会看向侧面，导致眼睛的侧向反弹，这叫作眼球震颤。因此，无论你多么努力、多么专注地做这些事情，由于小脑中浸满酒精，它是无法指挥肢体做出正常反应的。

问题 121：可以从人的皮肤上提取到指纹吗？

能从人的皮肤上提取到指纹吗？比如，从一个被勒死的人的脖子上？指纹在尸体上留存的时间是多久呢？

简单回答一下，可以。但是时间短暂，机会稍纵即逝。这取决于很多因素，但是指纹一旦从皮肤上提取出来便可用于罪犯的身份识别。在人活着的时候，指纹可以在皮肤上留存 60~90 分钟。在一具尸体上，指纹留存的时间可能会更长一点儿，当然这取决于周围的环境状况。指纹还是越快提取越好。

有下列四种方法可以从皮肤上提取指纹。

克罗米科特法：将一张克罗米科特卡片纸（未曝光的宝丽来胶片也可以）紧压在疑似有指纹纹路的皮肤上，然后将黑色打印粉散落在上面显现指纹。之后便可在玻璃纸上提取到指纹了。

麦格纳粉刷法：用非常精细的铁屑刷拭尸体或尸体上的某一部分，然后拍下所有暴露出来的纹路。一般来说，从能够显示纹路细节的角度拍摄是最好的。

电子射线照相法：将细铅粉筛落在疑似细纹出现的皮肤上，然后用X射线照射。但是，X射线设备体积庞大，限制了这项技术的实用性。

碘银板转印法：将可疑部位暴露在碘蒸气中，潜在指纹上的水分会吸收碘蒸气，然后再覆盖上一层银粉，银粉和碘发生化学反应生成碘化银。这种化合物在强光照射下会变暗（碘化银也是胶片的组成部分），指纹就会变得清晰可见了。还有另外一种方法，在碘蒸气熏蒸之后，使用α-萘黄酮，使指纹纹路显现。

氰基丙烯酸盐黏合剂熏蒸法：用黏合剂熏蒸后，潜在的指纹会显现白色，这种颜色可能在浅色的皮肤上不易察觉，也很难拍摄下来。为了让指纹更加明显一些，熏蒸后的指纹可以用生物试剂、商用染色剂等进行上色。然后在替代光源（例如紫外线）下进行观察。

第十章 验尸官、罪证实验室以及尸体解剖

问题 122：什么人有资格担任验尸官？

我的故事发生在一个小镇上，出于对情节合理性的考虑，当地的警长可以同时兼任验尸官（或者称之为法医）吗？这种设置合理吗？什么人有资格担任验尸官呢？验尸官需要具备什么资质呢？

是的，警长可以兼任验尸官，但无法担任法医一职。我来解释一下原因：人们很容易混淆验尸官和法医两个角色。验尸官是民选官员，他们负责处理与死亡相关的所有法律问题，包括开具死亡证明、出庭做证、统筹验尸办公室的工作。而法医从定义上讲，是专门从事法医学的医师，并且通常也是一名法医病理学家。

一般来说，民选验尸官就是法医，而且现在美国大多数州都做出要求：验尸官必须具备法医资质才可以开展工作。在司法辖区内，验尸官无须接受医疗培训；但一名法医如果要取得相应的资质，就必须接受适当的培训。

在美国大多数都会区，法医和验尸官可以由一人兼任。但是你的故事情节设定在偏僻的小镇，验尸官也可能是当地的警长或者案件承办人，抑或是汽车修理工。在这种设定下，什么可能性都有，

故事的转折也将无穷无尽。

问题 123：什么时候进行尸体解剖？谁可以要求进行尸体解剖？

在什么情况下需要进行尸体解剖？这个要求由谁正式提出？受害者家属是否可以反对尸体解剖呢？

在不同的司法管辖区，对验尸官或者法医办公室的约束法律条文各不相同。然而，大多数办公室所遵循的指导原则都是类似的：暴力死亡（例如：事故、他杀、自杀）、发生在工作场所的死亡、可疑的、突然的或意外的死亡、监禁期间的死亡、没有医生照料的死亡，以及入院后 24 小时内发生的任何死亡，这些通常都会成为“验尸官需要处理的案件”。

如果病人是在家中去世，通常会由对该病人相对熟识的医生为其开具死亡证明。如果这位病人患有严重的心脏疾病或是罹患癌症，从而导致其死亡，这个时候只需要医生在死亡证明上签字，而验尸官则不会介入。

如果病人在住院后 24 小时内死亡，不管出于什么原因，这件事情都会交由验尸官处理。如果病人在住院前就已经失去意识，在死亡前也未能恢复，那这个 24 小时则会被无限期延长。验尸官随后会与病人的主治医生联系，如果有明显合理的理由，验尸官会在死亡证明书上签字，事情结束；如果死亡不正常或没有合理的原因解释，那么接下来将进行尸体解剖。

此外，不但验尸官可以提出尸体解剖要求，如果案情需要，法庭也可提出同样的要求。验尸官有权调阅死者的病例并有出庭做证的传唤权，同时对该类案件的尸体有管辖权。

但是，家属不能拒绝验尸。如果法医（或验尸官）或法院认为需要对尸体进行解剖，则无须家属的许可。然而，由于我们的法律允许任何人对所想到的顾虑提起诉讼，家属可能会提起诉讼来阻止尸体解剖。在这种情况下，法官将会决定这件事情，而最有可能的结果还是进行尸体解剖。

问题 124：常规的尸体解剖有多详细？

在大多数尸体解剖中，死者乍一看并不是因谋杀而死，那么尸体解剖能详细到什么程度呢？我也会设想一种情况，例如，一个女人被看起来深爱她的丈夫毒死或者淹死了，外人一看会认为只是一场意外，并不会识破真相。

在这种情况下，凶手考虑的首要问题应该是防止尸体解剖。如果受害者是老年人，此人长期患有比较致命的疾病，例如心脏病、肺病、糖尿病或者癌症，并且一直有医生的护理，医生可能会为其签署死亡证明书，说明其死因是由以上疾病导致的。这份证明书随后会被送到验尸官的办公室，但可能并不会引起他的关注并提出质疑。那么这起谋杀案就不会被人发觉。另外，如果受害者是一名青少年，医生和验尸官可能都会产生怀疑，并要求进行尸体解剖。

即便是例行的尸体解剖一般也会非常彻底。通常，在检查和解剖后再进行显微镜组织观察和毒理学研究。验尸官会给出一个“死因”。也就是说，对于死因可以解释或是无法解释的死亡，通过尸体解剖可以将死因剖析得更加详细。通常来说，尸体解剖是由受过法医培训的病理学家进行的。在您设定的场景中，法医会比较容易地确定死因是中毒或者溺水，而至于是谁把她推入水中，或者谁给她下的毒，这就是侦探要完成的任务了。

问题125：尸体解剖报告中包含什么信息?

一份专业的尸体解剖报告中会包含哪些信息？验尸官或法医一般会怎样陈述死因呢?

每个病理学家都有自己的方式出具一份尸体解剖报告，但要完成一份完整的报告，有些事情是必须要清楚的，其中一件事情便是确定死因，确定这起死亡是自然死亡还是有罪犯参与导致死亡。

死者的姓名、年龄、性别、种族、预估死亡时间、死亡地点或尸体发现地点，以及尸体解剖的日期和时间，这些信息通常都会出现在第一页。此外，还包括参与尸体解剖的人员姓名及其资质，所有现场人员的姓名以及关于死亡情况的简要说明。

尸体解剖的第一部分被称为“外部检查”。法医会对尸体的外观进行描述，并对任何有异常的地方进行描述，包括外部伤害和

“医疗干预”的迹象。例如，患者有可能死于医院，当时可能接受了静脉注射，身上插着各种导管。这些东西在尸体被送往验尸地点之前都不能移动，因为这些在谋杀或医疗事故中会成为最有价值的证据。任何尸体上的外伤、枪伤、刀伤或任何类型的外部痕迹，包括文身、手术疤痕、旧伤疤痕、皮肤疾病和胎记，尸体解剖官都会做表述并拍照记录。

下一部分是“内部检查”，法医会处理尸体内部发现的东西。这部分检查通常会细分为以下几个区域：头部，颈部，身体，蛀牙，心血管系统（心脏和血管），呼吸系统（鼻、喉、气管、支气管、肺），肠胃系统（食道、胃、肠），肝胆系统（肝、胆、胰），泌尿生殖系统（肾脏、膀胱、前列腺、卵巢、子宫），内分泌系统（甲状腺、垂体、肾上腺），淋巴网状系统（脾、淋巴结），肌肉骨骼系统（骨骼、肌肉）和中枢神经系统（大脑、脊髓）。在每一个标题下面，法医都会描述相关器官和组织的大体情形和在显微镜下的外观，当然还有所发现的任何异常。

接下来是有一些重要发现的总结报告。我们以一名死于心脏病发作的人的报告为例解读一下：

心血管系统

（1）动脉粥样硬化性血管病，累及冠状动脉的左主干、左前降支和旋支。

（2）心肌大面积坏死分布于冠状动脉左前降支。

简单来说，这意味着这个人的动脉严重硬化，很可能死于心脏病发作（或者说心肌坏死）。

最后，将会出具一份总结声明。法医会陈述他对死亡的推断，并表明此人是自然死亡还是受他人所害。随后，他会签署这份报告，报告也就生效了。

报告的附件中会详细说明在此例死亡中一些毒物检测、弹道、DNA 检测或进行的其他一些检查。

问题 126：死亡证明中有哪些信息？谁可以签署？

关于死亡证明，我有几个问题。谁可以签署这份证明？对去世的人来说，这份证明上的内容是完整的吗？关于一些用词，死亡“方式”“原因”“性质”，我也感到困惑。这些用词意思一样吗？证明中到底涵盖了哪些信息？

在大多数（如果不是全部的话）司法管辖区，死亡证明由具有资质的医生签署。如果是在医院去世，或者是发生在家中情理之内的死亡（例如，患有癌症晚期和心脏病的人因病去世），他的私人医生或主治医生会在证明上签字。如果不属于上述情况，法医或者验尸官负责签字。当然，如果死亡发生在可疑的情况下，比较意外、不寻常或是在入院 24 小时内发生的，验尸官将会参与其中，不管是否进行尸体解剖，证明书都由验尸官签署。

每个去世的人都应该有合法登记的死亡证明。

关于你提到的术语问题，你不是唯一感到困惑的人。简单来说，“死亡方式”是指导致死亡的病理或生理异常。例如心脏骤停。“死因”是导致这种异常情况产生的原因，如心脏中弹。“死亡性质”是一种法律声明，而不是医学声明，它指的是，死亡是自然死亡、他杀、自杀还是意外事故。

死亡证明里面通常包含人口统计信息：死亡人姓名、居住地址、年龄、性别、种族、职业、死亡地点（如果已经确定的话）和其近亲信息。然后医生会补充一些导致死亡的直接原因（实际上，这部分是由死亡原因和死亡模式综合组成的，这里就是令人困惑的地方），导致或促成上述原因的条件，以及这些原因出现所持续的时间。例如，一个患有高血压和糖尿病的人忽然意外摔倒，最后死于心脏病发作，医生可能会对死亡原因做如下陈述：

直接死亡原因：心脏骤停。

归因：急性心肌梗死（瞬间发生）。

归因：动脉粥样硬化性心血管疾病（有常年病史）。

促成因素：糖尿病，高血压。

然后，他会在死亡证明上签字并署上日期，这份证明便正式生效了。

问题127：怎样确定死亡时间？

验尸官怎样能确定死亡时间呢？

除非他本人目睹死亡的过程，否则法医不可能确定死亡的准确时间。法医只能“预估”死亡的时间。这里需要注意的重要一点是，这一预估时间可能与“法定”死亡时间（即死亡证明书上记录的时间）和“生理”死亡时间（即重要生命体征消失的时间）相去甚远。

“法定”死亡时间指的是尸体被发现的时间，或者说医生及其他有相关资质的人宣布受害者死亡的时间。如果尸体在“生理”死亡发生很久之后才被发现，那么这个差异可能会是几天、几周，甚至几个月。例如，如果连环杀手在7月杀害了一个人，但是受害者尸体直到10月才被发现，那么“生理”上的死亡发生在7月，而“法律”上的死亡则会被记录为10月。

也就是说，验尸官可以在一定程度上大致预估一下“生理”死亡的时间。验尸官可以通过观察尸体的变化来预估时间。这些变化包括体温的下降、尸体的僵硬程度、变色程度（观察尸斑）、尸体分解程度和其他一些因素。

人在死亡后，体温每小时约下降1.5摄氏度，直到降至与周围环境温度相同。显然，这种预估方法很大程度上会受到周围环境温度的影响。1月份明尼苏达州雪地里的一具尸体和8月份路易斯安那州沼泽地里的一具尸体，两具尸体肯定会以不同的速度失去热量、降温。在任何预估死亡时间的案例中，这些因素都必须考虑到。

尸体僵死通常会遵循一种可预测的模式。僵硬首先从面部和颈部的小肌肉开始，逐渐延伸到较大的肌肉。这个逐渐变僵硬的过程大约需要12个小时。然后这个过程会再反过来，僵硬会再以同样的方式消失，从小肌肉开始，逐渐发展到大肌肉。这一阶段则需要12~36个小时。这样说来，尸体僵硬只在最初的48个小时内可以为验尸官提供线索，在此之后尸体就会变得柔软。因此，验尸官仅凭这一标准无法确定死亡时间是否早于48小时。

肌肉的僵硬是由于肌肉失去了ATP（三磷酸腺苷）。ATP是一种为肌肉活动提供能量的化合物，它的存在和稳定依赖于氧气和营养物质的稳定供应，而这些稳定供应都将随着心脏停止跳动而暂停。随着稳定ATP供应的减少，肌肉开始收缩，从而产生僵硬感。而肌肉后续失去硬度，出现松弛的情况，是由于肌肉组织本身开始发生分解。当分解和腐败同时发生时，收缩成分（肌肉中负责肌肉收缩的肌动蛋白和肌球蛋白丝）衰减，肌肉就会失去收缩特性，开始变得松弛。

尸斑主要是由血管内的血液瘀滞引起的，并使组织呈紫色。在重力作用下，血液主要流向心脏以下的部位，如果一个人仰卧而死，血液会沿着死者的背部和臀部渗入身体的各个部位。最开始，这种变色可以通过身体的移动使血液流到身体不同的位置来改变，但人死后6~8小时后，尸斑的位置就大体固定了。如果一具尸体被发现时脸朝下，但尸斑固定分布在背部，那么尸体在死后至少6小时内被移动过，但不会早于3~4个小时，否则尸斑会“转移”到新的身体部位。

人在死亡时，尸体开始腐烂。细菌会作用于组织器官，根据周围环境的不同，在24~48小时内，腐肉的气味就会散发出来，皮肤也随之出现带青带红的颜色。3天后，气体在体腔和皮下组织内形成，尸体可能会渗出液体并开始脱落。从那时起，情况只会越加糟糕。此外，动物和昆虫的捕食也会使身体加速骨化。在炎热潮湿地区，这种情况可能会在3~4周内发生，而所需的时间可能会更少。

正如你看到的，这是一门很不精准的科学，而且很容易受周围环境的影响。在寒冷的地区，体温下降速度会加快，分解进程减缓；在炎热潮湿的地区情况则恰恰相反。

问题128：把尸体存放在寒冷的房间里会影响死因的确定吗？

有没有一种可能，谋杀犯先将尸体冷藏（比如放置在酒窖中），然后再将尸体移到别处进行升温，而留下一摊血？犯罪行为发生在炎热的亚利桑那州，当时正值盛夏。

事实上，如果将尸体进行冷藏，其实是变相保存了证据，这其实对杀手来说是很不利的。这与验尸官在尸体解剖前将尸体存放于冷藏室的做法如出一辙。冷藏会减缓尸体分解和腐烂的过程。无论是枪伤、刀伤还是何种有毒物质都会保存原状更长久一些，这样就使验尸官的工作变得容易多了。

反过来说，如果尸体在室外暴晒，细菌会导致腐烂的速度大大加快，所以当尸体被发现的时候，身体一些组织已经分解得很彻底了，枪口和刀口将很难被评估。也就是说，在组织退化的过程中，推断刀伤的深度和宽度以及有助于确定枪支离受害者到底有多远的体征都会消失不见。如果尸体腐败的速度非常快，有些毒物甚至也无法检测到。

至于人死后留下一个“血泊”，这似乎是行不通的。出血或者血液渗出是由于心脏依然在跳动，表明血液还在循环，所以当人死后血液不会再流动了。事实上，人死后，体内所有的血液会在几分钟内迅速凝结，因此不可能再在体外流动、渗出，甚至滴落成一个血泊。和冰激凌不一样，血液是不会融化的，一旦血液凝结了，就不可能再回到液态的状态。

科恩兄弟在1984年拍摄的经典黑色电影《血迷宫》就巧妙地诠释了这一点。电影里的丈夫坐在办公桌前，遭到枪杀，并已经认定为死亡。后来，另一个角色进来看到了尸体。镜头随后切到丈夫的手上，他的手悬晃在一摊血泊上，血液顺着手指滴落下来。看到这个镜头，一些见多识广的人就会说："哈哈，这个人没死！"而相对没那么聪明的观众可能需要再多看一两幕戏才能看到真相。

问题129：法医能够辨别死因是钝性伤还是刺伤吗？

我笔下的一位受害者是个年轻女性，刚刚怀孕。凶手因为她有了宝宝而非常生气，于是打了那位孕妇的腹部。我想这个行为大概还不足以导致流产，但肯定会留下一些痕迹，法医会注意到吗？

接着受害者失去平衡，摔倒的时候头部撞到浴缸边沿上。有没有什么线索能证明是什么造成的外伤？如果完全想不到是什么造成了头部创伤，那么能看出该创伤是发生在致命伤之前吗？为了剧情需要，我想这样设计情节，受害者失去意识之后，被转移到其他地方，之后被凶手连刺数刀，这才是真正的死因。

该谋杀案发生在亚利桑那州的一个夏夜，第二天尸体才被发现。法医能够检查出真正的死因吗？

腹部受到攻击可能会导致流产，也可能不会。如果力道非常大，而且直接对准下腹，可能会导致胎儿、胎盘或子宫严重受损，甚至导致胎儿死亡、流产；或者也可能只是造成腹壁挫伤（淤血）。你可以自己决定选择哪个，两个都是可能发生的。

腹部如果受到攻击，几分钟之后就会出现淤血，除非受害者几分钟内就被杀害，否则法医应该能看出挫伤的淤青。通过仔细观察挫伤，法医能判断死者是在死前不久受到的攻击。毛细血管受伤导致了血液渗漏，进而形成了淤血，而形成淤血的前提是血液仍在流动，证明受害者还活着。死后，血液会在几分钟内迅速凝结成块，血液也不会再渗漏。攻击死者不会造成淤血。

摔倒的时候撞上浴缸可能会导致死亡，或像你所说的，只是撞晕了（脑震荡）。法医能看出来这是死之前的外伤，而且应该还能推测死者撞上了什么形状的东西。可能是浴缸边沿？或是棒球棒？又或者是金属管？但除非浴缸的瓷釉涂层裂开，碎片卡在她的头发或皮肤上，否则法医顶多只能推测死者撞上了什么形状的东西。

在沙漠里暴晒一天不会破坏太多证据，除非有掠食者肢解、吞食尸体，毁坏现场。法医能够判断死者是被连刺数刀而死，死之前还有其他创伤，但都不是死亡的原因。当然，法医肯定能看出来受害者怀孕了，如果孕妇是因受到攻击而流产，法医也能看出来。

问题 130：法医判断死因时，能看出受害者是死于触电还是心脏病发作吗？

我笔下的受害者在航行时触摸了通电的登船梯，而导致心脏病发作。验尸时能发现什么证据，证明受害者是触电身亡，而不是心脏病发作吗？比如皮肤表面有灼伤？

验尸能不能发现，主要看触电电压高不高。如果电压高，触电点和地板上会有烧焦的痕迹，也就是电流的进出点。法医很容易发现这个。另外，如果强电流穿过身体，电流所经之处都会被烧伤，这些现象在显微镜下很容易被发现。尤其明显的是肝脏，肝脏似乎特别容易受到这种伤害。

如果电压低，受害者皮肤表面不会有任何变化。简单来讲，在这种情况下，法医也不会断定受害者死于“心脏病发作”（心肌梗死）。用最简单的话来说，心肌梗死就是指冠状动脉（位于心脏表面，负责给心肌供应血液）阻塞，导致心脏某部分因缺乏供血而坏死。如果真的是心肌梗死，法医会发现动脉阻塞和心肌受损。这和电流灼伤的效果不一样。

如果电压较低，受到电击不会造成心肌损伤，但会导致心律变化，危及性命，比如心搏过速或心室颤动。不过，除非受害者接受心电图检查，正好心律不齐，否则不可能诊断出这个结果。也不太符合你的剧情需要。

验尸看到的心脏大概毫无异状，因此电击一事不会被发现。没有心肌梗死，没有皮肤烧灼，法医非常可能假设受害者死于心律不齐，事实也是如此。

或许你也能猜到，如果电击介于两者之间，将会产生复杂的结果。

问题 131：法医能判断死因是药物过量还是枪伤吗？

假设一个人中枪身亡之前（他杀还是自杀还没定）吃了 25 颗镇静剂，法医怎样判断服用药物和中枪前后间隔了多久？他能不能看出死者是否有意识？是开枪自杀还是在不省人事的情况下被杀？法医会想找哪些证据？会做哪些血液和其他检查？检验结果多久能出？如果是星期五晚上发生的，最快什么时候能完成验尸？

从服药到死亡中间隔了多久只能“猜个大概”。法医研究的数据是胃里已溶解药丸与未溶解药丸的比例、其他未消化的食物，还有受害者血液与尿液中的药物浓度。每种药物的吸收率与代谢率都有所不同，而且吃下的食物、药物（无论是用于自杀或谋杀的药物，还是受害者定期服用的药物），受害者的年龄、所患的疾病（尤其是胃肠方面的疾病），还有其他很多原因都会影响吸收率和代谢率。此外，人与人之间的差异也会导致问题更加复杂。

死亡时，人体已不再进行消化和吸收，因此死亡的那一刻，人体胃、血液和尿液中的东西，及其中的药物浓度都会“冻住”。通过分析这些数据，法医可以推测受害者服用药物的时间。法医也能根据血液的药物浓度判断受害者的身体和精神状态。当然，每种药都不一样，因此我们必须考虑到服用特定药物会产生的作用。

我知道这样说很笼统，但这个问题非常复杂，影响它的因素也很多。在你的故事情节里，自杀或他杀都可以。根据胃内容物和血液药物浓度，法医可以推测受害者不是开枪自杀，也可以是完全相反的结论。如果血液里的药物浓度非常高，高到让受害者能陷入昏迷，法医就会认定为他杀。如果药物浓度很低，受害者也有可能扣下扳机。这两种剧情虽截然不同，但都可行，看你怎么决定。

如果受害者服用的药物很常见，胃、血液和尿液内容物很容易检验，几小时内就能出检验结果。如果是不太常见的药物，需要把样本送到更高级的实验室做特殊检验，这样几周后才能拿到检验结果。

周五晚上的案件，大概在周一的时候能完成验尸，但是如果法医提出紧急要求，任何时间都可能完成。

问题132：案发一个月后，验尸官还能查出死因吗？

一名男子的头被石头砸中，然后被丢进地下室。故事发生在北方，正值寒冷的2月，夜间温度只有20华氏度左右（约零下6.7摄氏度），地面还有积雪。几天后，男子的尸体被发现，然后被移到了偏僻地区。一个月后，有人发现尸体，打电话报警。

我想问，男子是被石头砸中身亡，还是因为被丢在那儿身亡？男子死后一个月，验尸官或法医还能查明死因吗？还能看出尸体被移动过吗？

死因可以是由于撞到头，也可以是受害者失去意识后“冻死”（死于体温过低）。虽然不能百分之百确定，但法医完全能够判断撞击的力道是否能致命。他会寻找颅骨骨折的迹象，更关键的是查看大脑内部和（或）周围是否有出血的迹象，医学上叫作“颅内出血”，泛指颅腔（头骨）内的任何出血。大脑内部出血叫作“脑内出血”，大脑周边出血可能是“硬脑膜下腔”出血，也可能是“硬脑膜上腔”出血，取决于出血的确切位置。上述出血都有可能导致死亡，如果不能及时治疗会更危险。法医解剖尸体时，上述任何情况的出现都能帮助合理推测撞击就是死因；如果没有发现上述状况，法医则会将死因认定为暴露和体温过低。

解剖时，可能不会有证据明确指向死因是体温过低，但可能发现手肘、膝盖以及脸部与身体两侧（比较少见）的皮肤变色，呈现独特的红棕色。这些变化可作为受害者死于“冻僵”的证据。

由于你提到，天气非常寒冷，因此一个月或更久以后，尸体和这些特征应该不会有什么变化。

尸斑（死后身体组织里血液沉降导致皮肤发紫）在人死 6~8 小时之后就不会再变化了。受地心引力影响，尸斑一般都存在于心脏以下或更低的部位。一旦固定之后，即使移动尸体，尸斑也不会转移到新的区域。例如，如果受害者死时是仰躺的，尸斑通常会沿着背部和臀部固定下来。如果几个小时后，尸体被翻面，变成趴着的，已经固定的尸斑也不会再有位置变化。如果尸体被发现时，尸斑和尸体当时的姿势不相符，法医就能断定尸体曾被移动过。

问题 133：人死后两个月，是否还能在尸体中发现吗啡？

一个女人通过静脉注射吗啡的方式杀死了自己的丈夫。她将其装扮成一个乞丐的样子，将尸体弃于小巷中。他没接受过牙医治疗，也没采集过指纹。但是，谋杀案发不久，他的尸体就被发现了，但在长达两个月的时间内，他的身份都未确认。

在这个时间段之后，法医还能否发现真正的死亡原因是吗啡呢?

可以。吗啡会残留在机体组织内，因为身体的所有新陈代谢过程都会随着死亡而停止。因此，吗啡无法被代谢掉（分解）。血液和组织样本可能会显示其存在。

在你所描述的情境下更是如此。由于尸体是在被杀后立即被发现，残留物会很好地保留下来，用作法庭证据。尸体解剖应该很快就会确定这起不明死亡事故的真正原因，是自然死亡还是被杀。然后验尸官会将尸体冷藏，直到验明身份。

死亡两个月后发现尸体，在尸体只剩残骸的情况下，法医要想发现吗啡，会比较困难。

问题134：两周后还能在“浮尸”中确定血液中的酒精水平吗?

在相对凉一些的水中（大约55华氏度），尸体是否能在两周后再浮出水面？假设两周之后进行尸体解剖，是否还能检测出血液中的酒精含量？那时候酒精是不是已经挥发了?

“浮尸”指的是漂浮在水中的尸体。它会给法医鉴定死亡时间造成困扰。水温当然有影响，外加当地的潮汐和肉食动物。分解的一般规则是干燥陆地上的一周相当于水下的两周。

要成为“浮尸”，尸体就必须在水中浸泡足够长的时间，直到机体组织开始被细菌分解。在此过程中生成的副产品是一种气体，聚集在皮肤底下和体腔内。由于这种气体的形成外加浮力的影响，尸体会在几天之内沉沉浮浮，成为“浮尸”。

法医应该能够确定血液中的酒精水平，因为人在死亡时，所有的新陈代谢过程都停止了。酒精水平会比较稳定，直到尸体发生严重分解。在你所描述的场景中，比较凉的水会减缓这一过程，使酒精能保存更长时间。我觉得，如果你想确保法医做出这样的决定，可以选择55华氏度的水，浸泡两周的时间。

问题135：溺水者嘴周围的泡沫能维持多久？

我故事里的主人公在海上发现了一具浮尸。受害者的鼻子和嘴周围发现有气态泡沫。我的问题是：这种泡沫能持续多长时间？一个小时？两个小时？而且在我的故事里，受害者腹部中弹，但却溺水而亡。死因直到尸检时才发现。对这个问题我说清楚了没有？

根据你描述的场景，问题出在时间上。如果溺水的受害者被迅速地从水里拉出——我想差不多在一小时之内，那么他的嘴里就会吐出充满泡沫的水。然后，他的嘴和鼻子可能会渗出血水，但不会是泡沫状的，因为受害者的肺会失去所有的空气，没有空气就不能“起泡沫”。想象一下冰激凌苏打——当气泡发出的那种嗞嗞声消失了之后，它就变成了一杯有色液体。肺中有空气，才能起泡沫，而发生溺水时，空气被排出肺外，或被吸入水中，因此如果一个人在水下待了好几个小时，那么他的肺通常都是“积水的”。

对“浮尸”而言，尸体必须在水中待上一阵子，时间得长到机体组织开始被细菌分解。在这一过程中，会产生一种副产品，即一种气体，聚集在皮肤底下和体腔内。由于这种气体的形成外加浮力的影响，尸体会在几天之内沉沉浮浮，成为“浮尸”。在这种情况下，手脚会肿胀（一些天），皮肤的外层会与下层组织分离（5~6天），手上的皮肤和指甲会分离（8~10天），然后整个尸体会肿胀起来，身体组织变得脆弱不堪，在把尸体从水中移出的过程中，会很容易受损。但从嘴或鼻子出来的泡沫就不存在了。

“漂浮”的时间取决于很多因素，包括水温、水流、受害者的体型以及其他变数。例如，在温暖的水中，尸体会“漂浮”8~10天；在较冷的水中，会“漂浮”2~3周的时间。寒冷会让细菌的生长变得缓慢，气体的形成也随之减慢，从而减缓分解的过程。

所以你得决定哪种情况最适合你的要求。如果是一个新近溺死的人，受害者必须是在水下发现的，并且被拉出水面，嘴和鼻子周围会出现泡沫；而“浮尸”则会在被杀之后的很多天内“起起伏伏”，但不会出现泡沫。

你说法医可以鉴别出死因为溺水而非枪杀，这一点是对的。同时他还能鉴别出死者是在淡水中溺亡，还是在盐水中溺亡——这一点很难解释，但法医自己可以说清。在电影《唐人街》中，就用到了这一点。

问题136：检测DNA的最小样本有多大？

我知道DNA样本可以取自血液、精液、受害者手指甲下方的组织和其他地方。我的问题是：能使用的最小样本有多大？能使用已经干了的唾液或一缕头发吗？

人体几乎每个细胞的细胞核里都存在DNA。每个人的DNA都是独一无二的。比较明显的例外是血液中的红细胞。成熟的红细胞中没有细胞核，因此也就没有DNA，但白细胞却有。使用血液进行DNA分析时，检测的实际上是白细胞。

每个人的DNA都是在受孕时由精子和卵子随机结合形成的。一个人的身体内所有的细胞所含有的DNA都是相同的，并且终身不变。因此，没有两个人会拥有完全相同的DNA。这就是为什么在确定某一个样本是否来自某一个人时，DNA会派上大用场。简单来说，如果比对成功，该样本就绝对不会来自其他人。

如果想从样本中提取DNA，则样本中必须含有细胞，尽管它们没必要完好无损。也就是说，当你在显微镜下观察这个样本时，可能看不到完好无损的细胞，但该组织中或液体残留中就含有DNA。因此，已经分解了的血液、精液或身体组织仍然可以作为有用的样本使用。即使是骨骼残骸，也可能在骨髓腔或骨细胞中找到有用的DNA。

至于样本的大小，当然越大越好，但即使是微量液体或微量组织，也能取得结果。对于小一些的样本来说，DNA检测时所用的聚合酶链式反应效果是最好的。

唾液中含有口颊细胞（在口腔内部呈线状排列的细胞），这些细胞的细胞核能够提供检测用的DNA。从喝水的杯子、咬痕和邮票（信封）中都可收集到唾液。使用荧光光谱法的新型检测技术能够识别出人体皮肤上非常小范围内的唾液残留。有时唾液还可从凶手在发动袭击或抢劫时所戴的面罩中获取。1999年的《法医科学杂志》报道过的一则案例就可以说明检测用的样本可以多小。一位遭强奸或杀害的女性受害者的尸体在案发后5个半小时在河中被发现，咬痕中含有足够DNA检测的唾液。

头发中不含有细胞，因此没有DNA。但毛囊可以。对于DNA分析来说，剪的头发不太实用，但从行凶者头上拽掉的头发或者袭击者在袭击过程中脱落的头发，可能就会成为给其定罪的证据。一个毛囊就能为检测提供足够的DNA。

问题137：法医会利用文身和身体特殊标记来鉴别尸体吗？

验尸官是否会用独特的身体标记和文身来帮助鉴别不明尸体？如果受害者的手和脸都已被破坏或切除，这些标记是否有用？

验尸官会使用所有的手段来识别“无名氏”的身份。

身体标记，例如文身或者出生时就带有的特殊标记，对于识别犯罪嫌疑人和尸体是很有帮助的。验尸时，作为笔录的一部分，这些标记会被画下来或拍照留存，尽管并非所有笔录都是如此。如果你所描写的嫌疑人或尸体有身体标记，同时，在以前遭逮捕时，已经留存了照片，就可以很明显地对比出来，即使这些照片是通过电子邮件或传真从另一个管辖区传过来的，也没关系。

验尸时，病理学家会例行公事，将这些标记连同手术和受伤后形成的伤疤统统拍下来，尤其是在怀疑存在蓄意谋杀的情况下。

很多文身和出生时就带有的标记非常突出，可以作为很有力的身份证明。就尸体而言，以前的狱友、狱警或家庭成员，或以前逮捕他的警官，都能够提供推断尸体身份的线索。

出生时所带的标记有很多种。其中很显著的一种被称作葡萄酒色斑。红色或紫色的暗斑可能很小，也可能面积很大，或覆盖整个肩关节或半张脸。苏共总书记米哈伊尔·戈尔巴乔夫额头上就有这么一块。它们可能非常不规则，就像变形虫一样，因此其形状或图案非常独特，没有两个标记会完全相同。因此，如果你笔下的嫌疑人或尸体有这样的标记，可以用以前留存这个标记的老照片来进行比较积极的身份识别。

你知道，很多文身都可以追踪到创作者，尤其是在今天，因为很多文身都被认为人体艺术，一些文身艺术家有着独特的技术和忠实的追随者。很多文身者使用含有碳的黑色颜料，含有氯化汞的红色颜料和含有重铬酸钾的绿色颜料。其他人则使用氨基染料。从尸体的皮肤中可能能提取出这些颜料，以此排除或证明此文身出自哪一位艺术家之手。

有些阿飞会夸耀他们独特的文身。在加利福尼亚州的一个数据库存储着这些数据，通常点击一下就能得到你想要的答案。这种先进技术能最终识别出受害者的身份。

问题138：手术伤疤的新旧程度有助于确认受害者的身份吗？

我故事的主人公是一名侦探，他面对一具女尸无法确认其身份，因为尸体的头和手均被截了。死者腹部有一处伤疤，据他推断，这伤疤有三个月之久了。这是一条重要线索，因为有个报案失踪的女性不仅和这具尸体的年龄、体格相仿，而且三个月前也接受过胆囊切除手术。我想问的是，能这样准确地推断出伤疤的新旧程度吗？

可以说能，也可以说不能。任何创伤，不论是手术造成的，还是打斗的刀伤，只要缝合得好，且没有发生感染，其愈合方式都是一样的。但如果治疗不当或者发生感染，则伤口愈合就会推迟，并且会形成明显的疤痕。另外，有部分人在遇到这种情况时伤口处会长出瘢瘤。瘢瘤是凸起的、较厚的伤疤，大约有1.2厘米宽，并且比周围皮肤高出约0.6厘米，有时候会更大。

在正常情况下，大约两周以后，伤口的韧性会增强。接下来的几周，在新生微血管的协助下伤口开始愈合，颜色呈现浅粉红到棕红色之间。接下来几个月，身体会产生胶原蛋白来修复损伤，疤痕的颜色也会随之变淡消退，并且疤痕面积也大大减小，直到受伤一年后，疤痕不会再发生变化。这就说明，推测伤疤的新旧程度在前4~6个月是可以的，但一旦超过了这个时间就不准确了。

你可以让你笔下的侦探足够聪明，发现了尸体腹部右上方有个约15厘米的斜切口，并判断那是做胆囊切除术时留下的。他还发现伤口虽然愈合良好，但仍然带有一丝粉红色，由此便可推断伤口形成的时间在 4 周到 6 个月。这样至少能排除失踪女子和这具尸体是同一个人的可能，但要确认死者的真实身份，还需要牙科记录、DNA 记录或者其他手段的帮助。

问题 139：胃里的残留物能表明死者进食的时间和内容吗？

我笔下有个死者，在半夜被人发现。关于此我有两个问题想请教：第一，如果是受高度关注的案子，第二天一早能验尸吗？第二，验尸能不能准确判断死者死前吃了什么？比如，死者死前的五六个小时吃了鸡肉、蔬菜和面包，验尸时胃里的残留物是否还清晰可辨认？另外，验尸时能不能辨别出某种特定的液体或者药物？比如，可乐、茶、阿司匹林或者苏打水弱碱泡腾片。如果受害者死前不久服用了苏打水弱碱泡腾片，法医验尸时在死者体内发现了微量的碳酸氢钠和阿司匹林，这是否符合逻辑？

第一个问题，验尸是可以在第二天一早进行的。法医可以调整当天的日程表，优先处理受高度关注的案子。另外，很多辖区的法医办公室一般都没有“特别案件办公区”用来记录特别案件的验尸过程。

验尸时能否在胃里找到东西取决于很多因素，比如摄入的食物种类和多少，以及从进食到死亡的时间间隔（人一旦死亡消化过程就会停止），不同的食物在胃里停留的时间是不一样的。总体来说，胃在 4~6 小时会清空，小肠清空则需要 12 个小时。如果在胃里发现了食物，那么法医便可以判定受害者是在进食后 4~6 小时内死去的。如果胃是空的，则可以推断受害者死亡时间距离最后一次进食已经超过了 6 小时。

残留的食物，无论是在胃里还是在小肠里，都可以证明死者生前最后一餐吃了什么，而像玉米这样纤维含量高的食物尤其容易辨认。因为人体无法消化纤维素，所以蔬菜也许仍然可以辨认，在死亡时间不足 4 小时的情况下尤其如此。

胃里的残留物、血液和尿液可以用于检测药物。但是，除非受害人在死前不久进食，否则很难检测出可乐、茶、阿司匹林或者苏打水弱碱泡腾片。

阿司匹林是乙酰水杨酸，在苏打水弱碱泡腾片（还含有碳酸氢钠和柠檬酸）中也能找到。乙酰水杨酸一旦进入血液便无法分辨其来源，除非胃里还有未消化的药。但是，（乙酰水杨酸）阿司匹林很快就能溶解，所以不太可能找到未消化的药片。

可乐的成分基本是糖浆、色素、调味剂、咖啡因和高压打入二氧化碳的水。这些成分能很快被血液吸收和消化。并且，大部分茶里面也含有咖啡因。

血液中原本就存在碳酸氢盐这种电解质，因此除非服用的苏打水弱碱泡腾片量很大，否则一消化就很难查清楚。

法医要查出乙酰水杨酸并不难，因为这是例行药检之一，咖啡因也一样。但是碳酸氢盐的浓度如果“异常”的话却很难发现，得到具体结果则更难。

遇到这种情况，对犯罪现场进行彻底搜查有助于法医做出判断。如果桌子上或冰箱里还有食物，那么可以缩小调查范围，帮助法医分析胃里的残留物。如果能在现场找到阿司匹林和苏打水弱碱泡腾片的药盒也是有用的。推断死因和死亡方式时法医会考虑所有收集来的证据。

问题 140：胃里酒精的含量能确定吗？

我的故事中有个爱喝酒的老妇人，她死后不久，人们在她的拖车屋里一个令人窒息的浴缸中发现了她的尸体。尸体解剖时进行的化学分析能不能显示她喝了哪种酒？尽管认识她的人都知道她只喝葡萄酒，但是在浴缸边上发现了一个装有威士忌的杯子。

还有，如果威士忌和葡萄酒可以检测，分析也可以确定威士忌的品牌吗？尸体解剖能不能表明这位妇女是真的喝醉了酒，还是只能证明她体内有酒精存在？

如果受害者喝酒之后很快死亡，法医也许能够确定他喝了哪种酒。因为消化过程在人死亡时就会停止，所以胃里的残留物或多或少地会保留下来。衰变和细菌引起的腐化会导致胃中的东西变质，在温暖的环境中这一过程会加速，但大多数情况下可能需要几天甚至更长时间。如果胃里的东西保存得很好，就有可能确定酒精的种类甚至品牌。

如果死者是在死前几小时或更长时间之前饮的酒，那么消化过程基本上已经完成了，因为酒精的主要成分是糖的一种，很容易消化。胃里的东西不太可能帮助判断，而且一旦酒精进入血液，它就只是酒精了。血液分析可以区分乙醇（含酒精饮料中的酒精）、甲醇（变性酒精，是一种毒物）和异丙醇（外用酒精）。但血液分析所发现的乙醇就是普通乙醇。也就是说，在血液中，葡萄酒就像伏特加或者酸麦芽威士忌一样。

血液中的酒精含量很容易确定，“合法醉酒”就是以这个含量为标准的。在加州，血液中酒精含量的法定上限是 0.08。各州法定上限的情况各不相同。有些人血液中酒精含量不高也会醉，这在女性中更普遍，当然这也是因人而异。法医可以测定血液中的酒精含量，即使测出来的数据在法定上限之内，他也能够很好地猜测出受害人受酒精影响的程度。

问题 141：尸体解剖能否揭示怀孕或分娩史？

如果一个女性在死后不久进行尸体解剖，病理学家能否判断她是否有过孩子，或者怀过孕吗？如果尸体在寒冷的天气中放置了几个月，部分腐烂了，应该怎么办？

怀孕后，乳房和子宫的微观结构会发生永久性的变化，法医可以看到。而且怀孕后胸部和腹部也经常会出现白色的条纹，这些条纹在外观上类似于妊娠纹，也可能是淡红色、蓝色或银色。这些组织线索对你有没有帮助取决于尸体保存的完好程度。寒冷的天气可能会有帮助，因为寒冷天气延缓了尸体腐烂的进程。

即使是在骨骼遗骸中，也经常能找到生过孩子的证据，比如生产过程中留下的创伤。多次怀孕和分娩会使这种痕迹更加明显。法医会寻找耻骨上的“耻骨疤痕”，这种疤痕是由于骨膜（覆盖骨骼的组织）撕裂以及附着在骨骼上的各种肌腱的插入点撕裂造成的。至此还不能确定她生过几个孩子，但至少生过一次。

问题 142：法医能通过简单的检查确定子弹的口径吗？

如果法医在尸体解剖中发现了一颗子弹，他能确定子弹的尺寸吗？还是交给弹道学家来确定？

两个人都需要。法医可以猜测子弹的类型，但需要交给真正的弹道测试专家来确认。经验丰富的法医能根据子弹受损的程度分辨出口径为 0.38、0.45 和 0.30 的子弹，有些法医很擅长这个。为了进行确认，接下来会做一个完整的弹道评价，使这些资料在法庭上更容易被接受。

问题 143：对于砍伤，法医能不能确定凶手使用了什么凶器？

我笔下有一位割伤受害者正在进行尸体解剖。如果伤口是锋利的爪子造成的而不是锋利的刀具所致，我应该怎样描述？法医怎么知道伤口不是由刀具造成的？

一般来说，划伤或割伤是很难分析的。要确定凶器的类型几乎是不可能的。对于刺伤，深度、宽度、厚度、行刺角度、刀刃形状，有时还有锯齿等都有助于确定行刺时使用的工具类型。因为有了这些特征就很容易与可疑武器进行比较。对于砍伤，这些特征就不存在了。一把鲍伊刀和一把匕首造成的刺伤是完全不同的，但是造成的割伤却是一样的。这主要是由于挥砍的动作都会导致长条状的伤口，且流血不止。

爪子也能造成相似的伤口。也许法医可以根据伤口的深度和宽度来推断凶器的宽度和最低长度，除非能找到其他证据（比如皮毛、爪子碎片、攻击者的血液），否则就只能做到这样。

问题144：法医能判定死者是在咸水还是淡水中淹死的吗？

我的故事中有位年长的男性，患有轻度阿尔茨海默病，被人们发现时尸体漂浮在海面上。但实际上他是在后院的一个泳池中淹死的。验尸时会不会在男子体内发现氯（泳池的水中含氯）？因为一开始受害者被鉴定为在海湾淹死的，法医会不会预期从他的肺部找到小片植物之类的东西？对于溺水的案件法医会特别注意哪些方面？

对于溺水案件，法医是能够断定死于淡水或咸水的。并且应该能查出水中是否含有氯。《唐人街》这部电影中有关于淡水和咸水区别的片段。

要弄清楚淡水溺死和咸水溺死的区别，就要先了解渗透。渗透是液体在浓度梯度的作用下穿过半透膜的过程。这个不难吧！请听我解释。医学上用“张力”来描述液体中的电解质（钠离子、钾离子、氯离子等）的浓度。人体内和血液中的电解质主要是氯化钠。“等张性”表示周围液体和血液的张力相等，也就是电解质氯化钠的浓度相等。如果张力较小，比如淡水或者游泳池，就称为“低张”；如果张力和咸水一样比较高，就称为“高张”。咸水的电解质浓度高于血液中的电解质浓度。半透膜这种屏障只有水才能通过，氯化钠不能通过。张力低的液体透过屏障流向张力高的液体，这个流动过程会一直持续到半透膜两边的液体张力相等为止。但是水分子不会停止流动，只不过等到两边张力相等时双向的水流量也变为相等。张力较高的水就像海绵，将张力较低的水向自己“吸”过来。一旦半透膜两边的张力达到平衡，海绵效应就消失了。

肺组织是一个半透膜，使得氧气和二氧化碳可以自由进出，肺组织所在的血液是等张的。

在淡水中溺死时，低张液体进入肺部导致淡水从肺部流向血液，因为等张的血液和低张的淡水相比较而言属于高张液体，这样一来就对血液起到了稀释作用，使得血液的张力低于原有的张力。在咸水中溺死的情况跟淡水正好相反。与血液张力相比，咸水属于高张液体，因此体内的水从血液中流向肺泡。

法医会检查死者的血液和肺部。如果是在淡水中溺亡的，则会看到肺泡比较干燥（因为水都流进血液了），并且血液里氯化钠的浓度也比较低，形成低张血液。如果是在咸水中溺亡的，法医会看到肺泡很湿润（因为身体的水从血液流向了肺组织），而且血液中氯化钠的浓度也比较高，形成高张血液。如果检查的结果和发现尸体之处的情况不符，那么就可以判断尸体被移动过。需要指出的是，水的移动过程比较缓慢，所以如果溺亡后立刻将尸体打捞上岸，就不会留下太多线索。

在你的情景中，法医可能会找到死者淡水溺亡的证据，而且会在肺部发现残留的氯水，从而断定死者是在泳池中而不是咸水中溺亡的。

死者的口腔、喉咙，甚至肺部可能会有垃圾、植物、藻类，甚至小型水生物，但这些一定是来自溺水处。如果溺亡后尸体被移动到别处，那么验尸时在尸体内发现的东西与尸体所在地的东西是不相符的。在《沉默的羔羊》这部电影中就有这样的情节。在死者喉咙里发现的幼虫属于稀有蛾类，而且其原产地也不在美国。这一点对植物残屑也同样适用，不过受害者在游泳池中是不可能吸入任何植物残屑或垃圾的。如果死者是在淡水湖或池塘中淹死的，那么引起法医关注的就是淡水植被或虫子而不是氯了。法医会指出死者体内的植被残屑和虫子都是淡水中才有的，所以尸体发现的位置被转移了，受害者不可能是在咸水中溺亡的。

问题145：有些毒品会不会引起皮肤和指甲的变化？

我在书上读到过，有些毒品可以通过检查皮肤和指甲的方式检测出来。这是真的吗？你能不能举个可以通过这种方式检测出来的毒品的例子？

是真的。很多毒品会导致皮肤、头发、口腔黏膜和指甲的变化。

铅：慢性铅中毒（铅中毒）已经有好几个世纪之久了，并且可能导致罗马和希腊帝国的衰落。如今，铅中毒通常是由于接触含铅的油漆、汽油、管道，或者是使用含铅的釉上色的陶瓷餐具而导致。铅中毒与贫血、头痛、腹痛、关节痛、疲劳、记忆力减退、神经病（虚弱和（或）麻木）等有关。并且在牙齿和牙龈的交界处会出现一条蓝黑色的线，叫作“齿龈铅线”。

汞：在儿童中，汞中毒可引起一种被称为肢端痛或粉红色病的综合病症。它的特点是脸红、发痒、肿胀、流涎过多、出汗、虚弱、皮肤发红、出不规则皮疹、手掌和脚脱皮等。

砷：长期接触砷会引起角化过度和色素沉着（皮肤增厚和变黑）、去角质性皮炎（皮肤剥落和脱落），以及指甲上横向的白色纹路，叫作指甲纹。砷可以在慢性中毒患者的头发中检测到。

氰化物：氰化物是一种“代谢”毒素，它能阻断细胞色素氧化酶——一种存在于细胞线粒体中的酶。线粒体负责细胞能量的产生和氧气的利用。阻断细胞色素氧化酶就会阻止细胞使用氧气，从而导致细胞死亡。氰化物通过与血红蛋白复杂的相互作用，在红细胞中形成氰化高铁血红蛋白，使血液呈现出明亮的樱桃红。正因为这样，它经常与一氧化碳中毒混淆。

尸斑是人死后沉积于相关区域的现象。这种现象典型的颜色为蓝灰色或紫色。氰化物中毒后，氰甲基血红蛋白使沉淀的血液呈淡红色，因此在这种情况下，尸斑呈砖红色或深粉红色。

一氧化碳：一氧化碳与红细胞中的血红蛋白结合形成碳氧血红蛋白，使血液和组织呈现樱桃红色。

问题146：有没有检测不出来的，或者可以用生物毒液掩盖的毒物？

有没有一种不会留下痕迹的毒物？或能用毒蝎或响尾蛇分泌的毒液掩盖的毒物？

你这个问题最好的选择是琥珀酰胆碱。琥珀酰胆碱是一种可以注射的肌肉麻醉剂，它能麻痹全身所有肌肉。注射了琥珀酰胆碱的人神志清醒，但是不能行动、说话、眨眼、呼吸，3~4分钟后就会死去。而且这种药物在体内会很快分解，所以就算法医专门检测琥珀酰胆碱也是徒劳。但有一种例外情况。

如果法医发现了药物注射位置，就可以切下注射点周围的身体组织，检查药物的代谢物。因为随着药物被身体酵素“破坏”，就会有新的化合物产生，这些物质的残留成分会滞留在毒物注射点周围的身体组织中。著名的卡尔·考伯利诺杀妻案就是用了这种方法得以破案的。考伯利诺是一名麻醉师，所以有获得药物的渠道。法医开棺验尸，在其妻的遗体上发现了注射痕迹，而且注射点周围组织检测的结果也足以将考伯利诺定罪。

但是，如果法医发现了某种毒液和叮咬或蜇刺的伤口，并且血液和皮肤组织的变化也与毒液作用后的症状相符合，那么他就会判定死者是中该毒而死，而不会想到去找注射针眼，也不会想到去检测琥珀酰胆碱的分解产物。

但需要指出的是，毒液必须在死者身亡前使用，因为人一死，毒液对局部组织和血液细胞的破坏也随之停止（因为循环和代谢过程都停止了）。法医必须看到毒物对身体造成的影响才能够断定中毒是最接近的死因。你可以让凶手对受害人连续注射小剂量的琥珀酰胆碱，导致受害者身体部分瘫痪，然后再用毒蛇或者毒蝎蜇刺受害者。受害者最后确实是死于中毒，但绝对不是“意外”。

琥珀酰胆碱在医院的药局、急诊室、手术室比较常见，所以窃取一些是有可能的。或者，下毒者也可以从药物供应商手里购买。

问题 147：人死后伤口还会出血吗？

如果一个人被下毒致死，半小时内凶手又用匕首刺穿了他的喉咙，制造了一种死者是死于匕首刺伤的假象，请问死者被刺后还会流很多血吗？

我姑且认为你的意思是说受害者在被毒死之后又被匕首刺伤了喉咙，试图制造一种匕首是致死原因的假象。这种情况下，死者不会流血，因为一旦心脏停止运作，血流就会停止，体内血液会很快凝结。大多数案例中，法医都能判断出死后才形成的伤口。

不过，如果受害者是在中毒后无行动能力但仍有生命迹象的时候遭刺杀，那么他就会流血。法医必须等到毒理学研究结果出来，才能判断死者不但被刺杀而且还被下过毒。

问题148：“情绪化妆品”在尸体上看起来是什么样的？

随着人体温度升高或降低而发生变化的化妆品（主要有指甲油、口红等），我们称之为“情绪化妆品”。这类化妆品在人死后，从尸体上看起来是什么样子？

化妆品是外用品，它们附着在嘴唇和指甲表面，所以不会和身体组织发生相互作用。也就是说化妆品并不会“知道”其使用者是活着还是死了。如果化妆品和身体组织发生了相互作用，则会被当成药剂对待，并受美国食品药品监督管理局管辖，而不会被看作化妆品。

这类以唇彩和指甲油为主的“情绪化妆品”在一定范围内随着温度的变化而改变颜色。这类产品主要面向年轻女性，以“你的体温和心情不同，它的颜色就不同”为口号。产品颜色的变化虽取决于制造商和特定的产品性质，但它们在人体温升高时常常会变得更加明亮。所以我猜人们能从化妆品颜色看出涂抹化妆品的人是“冷”还是“热”。

颜色的变化范围为：从紫到红，从浅蓝到粉红，从绿金色到闪烁金。你应该能想象得出是什么样的画面。

“情绪化妆品”不论是在活人身上还是在尸体上，都会表现出其特有的随着温度变色的特点。当然了，尸体比较冰冷，所以颜色会向低温色调的方向变化。但是如果尸体被放置于温暖的房间数小时后才被人发现，那么尸体的温度会和房间的温度一样高，而化妆品反映的是房间的温度，所以其颜色会朝着高温色调的方向变化。

问题 149：在 17 世纪时，怎样判定死亡？

我正在写一部小说，故事背景是 17 世纪的英格兰。主人公是一位年轻女性，她的叔叔因为饮酒吸鸦片而陷入昏迷，差点被活埋。女主人公的恋爱对象是一位实习医生，在举行葬礼之前，他发现叔叔仍有生命迹象。我好奇的是，在那个时代，是怎样判定死亡的？

现在，我们有各种精密的仪器判定死亡。血压、脉搏、呼吸，这些肯定需要检查，但是在某些情况下，这些检查也可能不准确。用药过量，比如巴比妥类药物、鸦片及其衍生物（海洛因、吗啡等）、河豚毒素等，皆有可能致使服药者脉搏跳动变得极慢，血压极低，呼吸极浅，以至于很难观察出这些生命体征，尤其是在寒冷环境中，所以服药者貌似死了一样。而且在寒冷环境中，尸体摸起来冰凉，呈蓝灰色，更容易让人误认为已经死亡。心电图可以辨别是否仍有心跳，脑电图可以显示大脑活动，这两者中任何一个停止，就可以宣布死亡了。

300 年前还没有这些技术，人们用烟草烟雾灌肠，徒手或用钳子使劲夹住乳头，将烧热的捣火棒塞进身体的各种孔洞里，以及用力拔舌头等各种方式来确定“尸体”是否真的死了。尤其是拔舌的方法特别流行，人们甚至发明了一种装置，可以夹住舌头，转动手柄往外拉，这样持续数小时，如果死者仍然没有吭声，就可以判定已死。所以，不难猜测，偶尔有“尸体”在这个过程中活过来。

所以那时候的医生认为，宣布死亡唯一不会弄错的方法就是等待尸体腐化。但是由于家人不想让尸体在家里腐烂，于是就出现了“生死未定者收容所”或“等待停尸间”。不能判断生死的“尸体”就放在这些机构的温室区（可以加速分解过程），直到开始腐烂了，才能将其埋葬。如果“尸体”还活着，可以拉一根绳子系上铃铛以便发出信号。但由于肌肉分解时会收缩，所以尸体抖动或抽搐而拉响铃铛导致人们误判的情况也经常发生。我估计看管“等待停尸间”的人被吓得灵魂出窍的事应该经常发生。

另一种很新奇的设备是“安全棺材”。尸体可以通过铃铛、号、旗子等发出信号，表示自己还没有真正死亡，但有些不自主的动作同样可能误拉警报。

你可以让故事中的年轻实习医生用力掐叔叔的乳头，或拔他的舌头，也可以去“等待停尸间”等待观察，如果看到旗子被拉动或者听到铃铛响起，他就会发现叔叔还活着。

第十一章　各种稀奇古怪的问题

问题 150：人死时瞳孔是放大还是缩小？

有个问题我感到很困惑，人死亡时瞳孔究竟是放大还是缩小？具体时间是什么时候？

人死亡时瞳孔会放大，这就是为何死者的眼睛看起来是黑色的。很多时候，瞳孔放大发生在人死亡之前，因为交感神经系统（生物遇到威胁时负责战斗或逃跑的部分）一遇到压力就会启动，而人临死之际绝对处于高压状态。交感神经启动导致肾上腺素从肾上腺释放出来，导致血压和心率升高，瞳孔放大。

死亡时，瞳孔肌肉放松，也会使得瞳孔打开。

问题 151：火化时尸体会移动吗？

我曾在书上看到过，火化时，因为腹肌突然收缩，尸体很可能在中途突然坐起身来。请问这是不是真的？是经常发生，还是只在特定条件下才会发生?

这是有可能发生的。不过，尸体更可能变成“拳击手姿势”，双脚抬起，身体向前弯曲，手臂屈伸，拳头放在下巴下方，活像个拳击手。这种情况经常发生在被火焚烧的死人身上，因为高温会使肌肉的水分蒸发，导致肌肉收缩。火化时如果发生这种情况，通常也不会持续很长时间，因为火化时的极度高温会迅速将整具尸体烧毁。

问题 152：怎样判断手脚截肢者的体重?

在我写的一本奇幻小说中，有个反复出现的人物，一生下来就没有手脚，因为他的母亲堕胎失败，堕胎手术只取走了他的手脚。他经常需要一个女人协助他从电动轮椅移到车里，再从车里移回到轮椅上。我的问题是，一个没有手和脚的成年男子的体重是多少?

这是一个意想不到的问题。

大体来说，躯干约占体重的 50%，不会存在太大误差。一个肢体完整的人其躯干重量取决于他的体型和总体重，如果他的正常体重为 150 磅（约 68 公斤），那么躯干可能在 75~80 磅（约 34~36 公斤）。如果他体型比较庞大，比如 200 磅（约 91 公斤），那么躯干可能就是 100 磅，以此类推。

假如他有一部分肩关节和手臂上半部，那就再加 10%；如果有一部分大腿，就再加 50%。如果他的截肢处位于关节的位置（这是我从你的描述中猜测的），那以 50% 来计算就差不多了。

问题 153：动物安乐死用什么药？

我正在写一个故事，内容是有个小孩心爱的狗受了重伤，必须采用安乐死，而且小孩必须学会放下。我想问，安乐死用的是什么药？用注射的药吗？用药后狗多久死亡？它会不会有感觉？兽医是自己操作呢，还是有助理协助？

很多不同的制药商都在生产动物安乐死的药物。常用药物之一就是 Eutha-6 或 Ethanol ，它的活性成分是戊巴比妥（一种巴比妥类镇静药物）和酒精。因为这种药需要的剂量极大，所以动物基本上是死于巴比妥和酒精过量。

兽医会在狗的前爪进行静脉输注。首先将狗爪子上的毛剃除，再将静脉输注管插入静脉，用胶带粘上，这一步是整个过程中唯一让狗感到不适的一步。接着注入预定的剂量，狗将在 5~10 秒睡着，几乎在同一时刻狗的呼吸也会停止，不过心跳可能要 3~4 分钟后才停止。但总的来说，该过程是迅速且无痛的。

兽医身边通常会有一名助手帮忙按住狗并安抚它，为静脉注射做准备工作，打注射液，或者安抚狗的主人。兽医也可以独立完成，但通常情况下这个过程都需要两个人。

问题154：夹竹桃能不能将猫毒死?

在我的小说中，有个人想要对一只猫下毒，毒物会让猫感觉很不舒服，但呕吐完就没事了。这个凶手已经用夹竹桃杀死过一个人了，那么他用同样的手段会不会毒死这只猫?我需要猫活下来，你有什么建议吗?

夹竹桃很适合，因为它的毒性取决于剂量的大小。这也就是说，少量会导致人生病，大量则会使人丧命。夹竹桃不像氰化物，无论剂量多少都会致命，无一例外。

许多小猫小狗还有孩子因为吃了夹竹桃的叶子和花（夹竹桃整株有毒）而死亡或生病。如果凶手给猫下的剂量非常少，就会导致猫生病但不会致死。至于具体剂量我说不准，可以安排他磨碎一片叶子或者花，掺在食物或肉里喂猫，应该就能达到目的。

问题155: 哪种腐蚀性物质可以破坏避孕套且不被发现?

我想问个不太常见的问题。有个女孩抓住自己的父亲和别人搞外遇，而且这个人还是她家的保姆。女孩想惩罚这两个人。请问，在女性用的避孕套上涂上什么东西会让使用者不适?我想到了维克斯薄荷膏和Ben Gay（一种阵痛膏），但这两种药物都会在她用避孕套时发现。请问你有没有其他的建议?

毫无疑问，我建议塔巴斯科辣椒酱（Tabasco）。你可以将它涂在避孕套上，晾干，不会有明显的气味，而且肉眼也不会发现，也不会改变使用避孕套时的感觉。但是，只要加点潮气湿润一下，就能让那个女人遭到惩罚。如果她另外使用了杀精剂，可能会对辣椒酱有所稀释，并在阴道内膜形成一层保护膜，从而延迟发生作用的时间。然而，性行为一旦开始，辣椒酱就会刺激这些细嫩的组织，也许会同时刺激男性的身体组织。起初是轻微刺激且有点发热，随后刺激会加强而且会有更明显的灼热感，最后会严重灼伤使用者，使其感到惊慌。这真是一个够毒辣的问题。

问题 156：盲人会不会做“视觉性”的梦？

在我的故事中，有个天生失明的 7 岁男孩，经常做吓人的噩梦。我想问，盲人在梦里能不能“看见”人和物？

盲人可大致分为两大类：第一种，先天性失明者。他们从一出生就失去视力。第二种，偶发性失明者。这类失明者是后来才丧失视力的。5 岁左右之前失明的孩子的情况和先天性失明者有更多相似之处。因为他们在很小的年纪就看不见了，所以对影像和色彩的记忆非常少。因此，他们不像 7 岁以后才发生视觉障碍的人那样，能“看见”东西。而这种影像缺乏状况会进入他们的梦境。

有许多这方面的研究者认为，做梦是一种“建构性认知历程”。也就是说，我们的梦中世界是以感官神经作为基础的。我们看到的、听到的、闻到的、感觉到的，都会参与梦境的生成。

先天性失明者多半能在梦中“看见”空间关系的建构，有些人还能创造出“视觉形状”，但并不会“看见”真实的物体，他们在梦里“看到”的东西往往和他们在清醒时看到的相似。有些人也许还会建构出不定型的影像。后期失明的人通常会在梦中想象出各种影像，并且这些影像和他们失明之前看到的相同。

先天性失明和5岁前偶发性失明的人都可能会存在清晰而详细的梦境，只是他们“看不见”人物身影、结构或东西。他们感受到的往往是做噩梦一般的情绪反应，不过他们梦中出现的事物一般没有固定形状。

5~7岁失明的人有可能看得到影像，也有可能看不到。有趣的是，有些7岁之后失明的人做梦时始终都能看见事物的细节，而有些人这种情况可能只持续20~30年。仿佛他们的影像记忆在逐渐消失一样，影像也从他们的梦中淡去了。

你描述的人物是不会看见影像的，不过梦中的事物仍然可能激发情绪反应，并做吓人的梦。他会从感觉、声音和嗅觉等方面来叙述梦中的体验，而且说不定比视觉幻影更吓人。不过他能“看见”的影像都很朦胧，轮廓也不清楚。就如同我们所有人一样，他梦中的体验也反映了他在清醒时接触过的事物，他的疑问、恐惧、憧憬、爱好、挣扎、关心的事情、态度和梦想，这些都会在他的梦中展现出来。

写在最后的话

至此，大家已经读完了本书。希望每一个问题和答案都能给大家带来一定的收获。有些问题比较直接，有些则相对复杂，另外还有一些奇奇怪怪的问题。

然而，每个问题都体现了提问者的好奇心和想象力以及严谨的态度，这也正是从事写作的人和小说家必须具备的品质。就像我在序言中提到的一样，这些问题能给我们带来一定的洞见，引导我们去探索创作历程，同时它还体现了敬业的小说家多么专心地投身于写作事业。

我希望大家在打开这本书的时候能感受到其中的乐趣，能从中学到一些新知识，并对思维有所启发。我也衷心地希望本书中提供的信息能对大家的写作和阅读有所帮助，能激发大家的创作灵感。

再次感谢大家的参与、关注与好奇心。

致谢

如果没有很多人的帮助，这本书就不可能完成。在这里，我向每个提供过帮助的人表示最诚挚的谢意。

我的病人，同时也是我的好朋友哈罗德·米尼克，凭借他在加州橘子郡验尸官办公室工作多年的经验，为我提供了很多具有洞察力的想法。

金伯利·卡梅伦出版社的金伯利·卡梅伦是我的经纪人兼好友，圣马丁出版社旗下托马斯·邓恩图书公司的莎莉·金是我的编辑，他们在本书出版过程中给予的专业指导和热情帮助是不可估量的。我的父母维克多和伊莲不仅供我上学，还一直给予我支持。还有我的姐姐维基，她是一位很有才华的老师，在我入学读书之前一直都是她教我读书写字。

我的妹妹梅琳达是一个热爱生命的女孩子。

我的妻子阿南，不仅支持我，还给我足够的自由去实现我对写作的狂热追求。

还有其他提问的作者，通过他们的提问，我看到了他们令人惊叹的想象力和对细节精益求精的精神。